U0567898

从教走向学

在课堂上落实核心素养

王春易 等　著

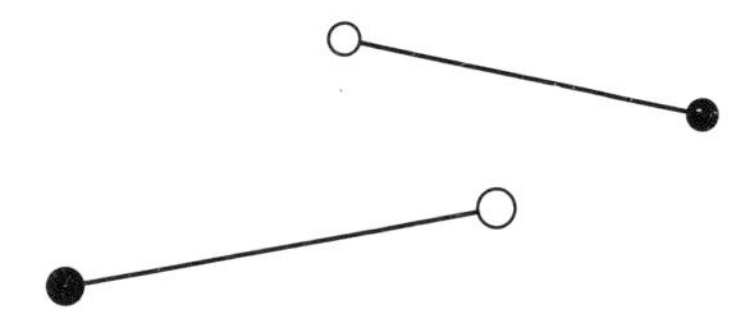

中国人民大学出版社

· 北京 ·

本书系中国教育科学研究院“学习与教学研究中心”
博士后项目北京市十一学校实践研究成果，
由王春易、赵继红、林森、刘赛男合作完成。

目　录

第二章 从课时教学到单元重构

第三章 从知识点到学科大概念

第四章 从教学目标到学习目标

第五章
从开展活动到任务驱动

第六章 从使用教材到准备资源

第七章 从结果检测到过程评估

总　论

什么是核心素养？它的内涵是什么？不同学科的核心素养又是怎样产生的？它与三维目标有何不同？如何落实核心素养？……对这些问题，已经有了很多理论研究和观点阐述，这些研究和观点帮助我们澄清了许多概念，更新了教育教学观念。

本书立足核心素养的实践性与可操作性，以教师的视角，结合已有的经验和探索，通过具体案例阐述在课堂上落实核心素养的维度、策略与方法；给大家提供在课堂上帮助学生学习、落实核心素养的路径、工具和脚手架；提示一些容易出现的误区。

本书结合教师在日常教学设计中经常涉及的内容，比如课程标准、教学目标、单元整合、检测评估、活动设计等，在剖析具体案例的过程中，帮助教师回到教学现场，不断反思以下问题。

1. 我的教学目标是否与课程标准中的核心素养建立了关联？
2. 有什么证据可以证明我的教学目标与核心素养建立了系统关联？
3. 在课堂教学中，我通过什么方式方法落实了核心素养？
4. 有什么证据可以证明我落实了核心素养？
5. 如何评估学生具有了核心素养？

对这些问题的系统思考，能让教师更加聚焦落实核心素养的实践研究与实证研究，明晰在课堂上落实核心素养的着力点，探索学科特点和学生的认知规律，探索在课堂上落实核心素养的实践框架。

我们的研究定位于课堂，从落实核心素养的主阵地、主渠道突破，从教师最熟悉的领地出发，从教师每天的备课、上课开始，从教学目标制定、教学活动设计的每一项具体工作入手，研究核心素养如何在课堂上落地，我们的课堂教学该做出怎样的调整、该如何转变。

本书从七个维度阐述在课堂上落实核心素养的策略和方法。

1. 从课程标准到教学目标
2. 从课时教学到单元重构
3. 从知识点到学科大概念
4. 从教学目标到学习目标
5. 从开展活动到任务驱动
6. 从使用教材到准备资源
7. 从结果检测到过程评估

以上每一个维度都是在课堂上落实核心素养绕不开的，每一个维度都自成体系；同时，这七个维度又相互关联，密切配合，共同构成课堂上落实核心素养的“大体系”。哪一个维度没有解决好，哪一个维度没有处理好，都会影响学生学习的有效性，都会影响在课堂上落实核心素养的实效性。

本书的章标题虽然采用了“从……到……”的句式，但这并不是说前后内容完全对立。在落实核心素养的主题下，有的内容确实需要实现从前者到后者的根本转变；有的需要对后者更加重视，有所侧重；有的则需要前后内容的兼顾，做好协调与平衡。

总之，在日常教学中，在课堂上落实核心素养，并不会否定我们之前的探索和实践，需要做的是明晰方向，找到重点，重新调整，适时改变。

从课程标准到教学目标

这是在课堂上落实核心素养的基本原则和出发点，是教师首先要学习和研究的内容。

课程标准是国家制定的纲领性文件，是教学的依据和指导。如果每节课教学目标的制定，没有依据国家的课程标准，没有与课程标准中的理念、建议、要求建立关联，可以说我们的教学在源头上就出了问题，在“为什么教”“教什么”的方向上就出现了偏差。

课程标准诠释了每个学科的核心素养，还结合课程内容，对学生应该达到的质量标准进行了不同水平的描述，增强了对教学的指导性。

如果教学目标的制定仅仅借鉴课程标准中的理念、原则，没有与之建立系统化的关联，或者仅凭经验和感觉随意关联，就都陷入了随机性和随意性的误区，甚至会出现贴标签、形式化的倾向。这样一来，在课堂上落实核心素养就会失去保证。

第一章从课程标准的核心地位出发，立足核心素养的落实，讨论如何将宏观的课程标准转化为具体、可操作的教学目标，如何将核心素养落实在每个学期、每个单元、每节课的课堂上。

从课时教学到单元重构

这是在课堂上落实核心素养的必经之路，也是教学设计中教师需要做出调整的地方。

传统的课时教学以一节课作为一个闭环，不论是 40 分钟还是 45 分钟，全部学习任务都要在这段时间内完成。因此，课时教学常常聚焦具体的学科知识，容易做到“堂堂清”；可以组织相对简单的活动并在下课前完成，做到“有始有终”。

但是，长期的课时教学，容易使教师陷入一个个具体的知识点中，越讲越细，越讲越深，只见树木，难见森林。另外，课时教学时间比较短，体验和探究难以充分展开，比较复杂的任务难以深入完成，相对上位的学科大概念不容易建构。

核心素养是学生在解决复杂的、不确定问题的过程中形成的综合品质。核心素养需要真实的问题情境，需要学生真实体验、深入探究，在解决问题的过程中逐渐培育。因此，落实核心素养的目标，需要以问题解决为中心，需要大一些的主题或项目来承载，需要相对复杂和综合的学习任务来承担。这样就需要根据素养导向的目标重构单元，从课时教学走向单元学习。

第二章在分析课时教学利弊的基础上，详解单元重构，并结合教学案例给出单元重构的设计思路和注意事项。

从知识点到学科大概念

这是在课堂上落实核心素养的重点，与第二章紧密关联，同样是教学设计中教师需要改变的地方。

随着时代的发展，我国的课程标准在不断发展：从“双基”到“三维目标”，再到“核心素养”，一路走来，不是不重视基础知识了，也不是不关注基本技能了，而是认识到仅有基础知识和基本技能是不够的，它们无法满足学生未来发展的需求，不足以应对社会发展的新挑战。

学科大概念是比较综合和上位的知识，学生一旦理解了学科大概念，就会将它运用到解决问题的过程中，成为解决问题的基本策略和方法。因此，学科大概念是学科最重要的内容，是学科最有价值的知识。

学科大概念的建构过程，需要学生充分的体验和探究，需要学生持久的思考和理解。在课堂上，教师如果不将三维目标进行整合，不从过程和方法切入，学生如果没有充分的体验和探究，学科大概念就难以建构，情感、态度与价值观目标就不容易达成，核心素养也就很难培育。

可见，学科大概念的建构过程与核心素养的培育过程是相通的，对学科大概念的理解和运用体现了核心素养的基本要求。因此，在课堂上落实核心素养，教学应该从琐碎的知识点中走出来，将学科大概念的建构、理解和应用作为重点。

如何从知识点中凝练出学科大概念？如何回归学科本质，进行学科大概念教学？第三章将就这些内容展开讨论。

从教学目标到学习目标

这是在课堂上落实核心素养时容易忽略的一个环节，但却是从教走向学的前提和保障。

人们常常以为，"教学目标"就是"学习目标"，"学习目标"就是"教学目标"，两者没什么区别。其实不然。

过去大家写教学目标时，是不是通常这样描述："理解……""掌握……""解释……"？那么，什么是"理解"呢？学到什么程度叫"掌握"呢？从哪些维度去"解释"呢？对这些问题，教师是清楚的，教师知道该做什么、该讲到什么程度、该从哪些维度去解释。也就是说，这样的目标是写给教师的，是教学目标。

这样描述的目标，学生是看不懂的，更不知道该如何做。在课堂上，学生只能亦步亦趋，按照老师的要求去做，跟着老师的节奏走。这样的课堂，怎么能体现学生的中心地位、主体角色呢？学生的自主探究、主动学习又该如何实现呢？

不知道学习目标的学生如同旅游时不知道目的地，不知道要到哪里去，不知道自己是否走在通往目标的路上。在落实核心素养的课堂上，教师需要将自己熟悉的教学目标转化为学生清晰的学习目标，让学生看得懂，听得明白，知道如何做，让学习真实发生。

第四章以对比的方式区分教学目标与学习目标，并通过案例分析，解析教学目标向学习目标转化的关键要素和主要路径。

从开展活动到任务驱动

这是在课堂上落实核心素养的关键，也是教学设计的重点和难点。

在课堂上组织一些活动，是教师熟悉的教学环节，也是备课过程中非常重视的步骤。有的课堂，常常是一个活动接着一个活动，一会儿比赛，一会儿游戏，一会儿讲演……似乎学生没有活动，就没有体现学生的主体性。但是学生动起来的课就是好课吗？教师需要反思：设计活动的目的是什么？所设计的活动与教学目标的关系又是什么？

比较小的活动虽然也会激发学生的学习兴趣，但是很难引导学生进行深入思考和探究。相对简单的活动不足以为学生提供充分体验和探究的空间，学生间的合作与交流容易流于形式，深度学习很难展开。

在落实核心素养的课堂上，教学设计的关键不是设计简单的活动，不是在形式上让学生动起来，而是设计能驱动教学目标实现的、有一定难度和综合性的、与真实生活紧密联系的、能激发学生持久思考和探究的核心任务。

第五章通过案例分析，总结核心任务的关键要素，剖析核心任务与教学目标、与学科大概念的密切关系，以帮助教师突破教学设计的关键环节。

从使用教材到准备资源

这是在课堂上落实核心素养应具有的资源观，教师需要两者兼顾。

教材是依据国家课程标准编写的，是落实核心素养的重要载体，是学生学习的重要资源。通常，教师非常重视教材，也特别善于使用教材。但是，时代发展日新月异，科技成果层出不穷，人类生产生活面临的新任务和新挑战也不断发生改变，而教材内容有一定的局限性，更新需要一定周期。因此，学生学习仅仅依靠教材是不够的，教材虽是重要的学习资源，但不是唯一的资源。教师不能僵化地使用教材，囿于教材，不敢越雷池一步。

核心素养的落实要直面现实生活中的真问题，在解决问题的过程中学习知识，提高技能，体验情感，培育素养。因此，在课堂上落实核心素养需要建立“大资源观”：一切能帮助学生解决问题的，一切能支撑学生学习的环境、人员、材料、工具都是资源。重要的是做好甄别和筛选，做好优化与整合，以服务学生学习。

第六章介绍如何处理好教材与资源的关系，并通过实例介绍在学生的学习过程展开后，应该为学生准备哪些学习资源。

从结果检测到过程评估

这是在课堂上落实核心素养需要重视的环节，教师需要做好两者的兼顾。

关于评估，教师常做的是一节课讲完后，设计一些题，检测一下学生是否理解了本节课的内容；一个单元学习完成后，做一个单元检测，了解学生是否掌握了本单元的内容；还有一个学段、一个学期后的期中和期末考试。所有这些测试都发生在学习结束之后，是对学生学习结果的检测。这些肯定是必要的，是评估学生学习效果的重要手段。

但是，学生在学习过程中有什么问题？在解决问题的过程中遇到了哪些困难？学习规划是否合理？学习方法是否得当？问题解决的路径是否还可以优化？这些问题需要在学生学习过程中不断给予反馈，以帮助他们更好地学习。

在落实核心素养的课堂上，在学生解决问题的过程中，教师不仅是学生学习的指导者，还应该是学生学习过程的评估员。教师要不断评估学生的理解水平和教学目标之间的差距，敏锐地捕捉不同学生的认知动向，并给予个别化指导。

第七章将对比说明结果检测与过程性评估的利与弊，反思在落实核心素养的课堂上，如何兼顾过程性评估和结果检测，如何重新确立评估的维度和关注点，从而更好地促进学生核心素养的发展。

总之，在课堂上落实核心素养，更强调学生的体验、体悟，更强调学生的深度参与，“从教走向学”成为必然。

第一章
从课程标准到教学目标

什么是课程标准？什么是教学目标？如何将课程标准转化为教学目标？

从“标准”到“目标”，是在课堂上落实核心素养的基本原则和出发点，是教师首先要学习和研究的内容。

【在课堂上】

- 不能直接将课程标准当作教学目标。
- 应将课程标准转化为具体的教学目标。
- 教学目标应基于学科核心素养来制定。

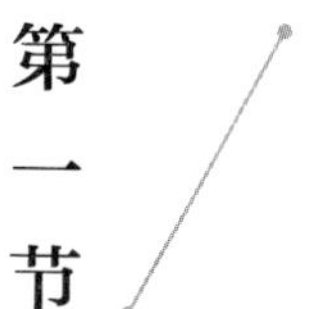

第一节 课程标准是国家对基础教育课程的基本规范和质量要求

教师每天备课都要写教学目标，教学目标从哪里来呢？来自教材和教参，来自教师的经验，来自学生的具体情况……似乎都有道理。但是，还有更重要的一点不要忽略，教学目标要来自课程标准。

我们距离课程标准还有多远

很多教师可能觉得自己的教学活动，始终是按照国家课程标准展开的，教学目标是依据课程标准制定的。反思以下问题，大家就未必还能这么自信了。

1. 我的教学目标是否将课程标准进行了系统化的落实？
2. 我的教学目标是否从知识维度上升到了素养维度？
3. 我的教学目标是否将问题解决作为了重点目标？
4. 我的教学目标是否关注了对学科大概念的理解？

对上述问题如果还不能做出肯定的回答，就很难说教学目标是依据课程标准来制定的，也很难证明教学落实了课程标准的基本要求。

在我们进行的“我依据什么确立教学目标”的调查中，55% 的教师选择了教材和学情，25% 的教师选择了课程标准，16% 的教师选择了教辅资料，4% 的教师选择了个人经验。

在“我最近一次研读课程标准”的调查中，45% 的教师在本学期的教学中研读过课程标准，17% 的教师曾在半年前研读过课程标准，30% 的教师在一年前研读过课程标准，8% 的教师三年内没有看过课程标准。

一个不研读课程标准的教师，根据什么制定教学目标？根据什么研究教材？如何保证教学质量达到国家的基本要求？

下面请看一个具体的教学目标。

【案例　高中数学“平面向量”单元设计】

教学目标	课程标准
1. 知识目标：理解向量、零向量、单位向量、共线向量、平行向量、相等向量的概念，会用字母表示向量，能读写已知图中的向量。会根据图形判定向量是否平行、共线、相等。 2. 能力目标：培养学生观察、归纳、类比、联想等发现规律的一般方法，培养学生观察问题、分析问题、解决问题的能力。 3. 情感目标：让学生在民主、和谐的活动中感受学习的乐趣。	1. 理解向量的概念，掌握向量的几何表示。 2. 了解零向量、单位向量、平行向量、相等向量等概念，并会辨认图形中的相等向量或写出与某一已知向量相等的向量。 3. 会用向量加法的三角形法则和平行四边形法则，做两个向量的和向量与两个向量的差向量。 4. 掌握向量加法的交换律和结合律，并会用它们进行向量计算。

这位教师的教学目标分了三个层面：知识目标、能力目标和情感目标。2003 年版的《普通高中数学课程标准》特别强调了知识技能、过程方法、情感态度与价值观的三维目标，这位教师将教学目标分为三个层面，可见心中是有课标的。

这位教师对课标中有关知识点的要求把握得比较准确，知识目标比较具体；但能力目标和情感目标则描述得比较宽泛，与知识目标的关联性不强。例如，“培养学生观察问题、分析问题、解决问题的能力”“让学生在民主、和谐的活动中感受学习的乐趣”，放在任何一节课中都适用。此时的三维目标，本质上还是“知识”这一个维度，没有真正落实课程标准。

这种重视知识目标、弱化能力与情感目标的现象并不少见。一个好的教学目标不仅应该清晰、适切，还应该具有可操作性。按照这个标准来看，很多时候，我们所写的教学目标，还仅仅是借鉴了课程标准中的理念，使用了课程标准中相关的词语，并没有将课程理念与具体教学内容形成内在的逻辑联系，还不能说真正落实了课程标准。

2003 年版的课程标准强调三维目标，落实情况尚且如此。2017 年版的课程标准在原有基础上，实现了对三维目标的整合，提出了学科核心素养，并指出课程实施要以落实学科核心素养为宗旨。这对教师提出了更高要求。

有些教师觉得课标不如考试说明好用

课程标准的重要性不容置疑，没有哪位教师会否定课程标准的地位，但在具体备课过程中，教师往往还是习惯于钻研教材，挖掘教材，借鉴教辅，分析考试说明，较少关注课程标准。

为什么教师虽然知道课程标准的重要性，但又较少关注课程标准呢？一个重要原因在于课程标准高度概括，指导作用不如考试说明具体。

课程标准是纲领性、指导性文件

课程标准是国家对基础教育课程的基本规范和质量要求，是一个纲领性、指导性文件。它对学生经过一段时间的学习后，应该知道什么和能做什么进行了界定和表述，反映国家对学生学习结果的期望。

课程标准围绕课程的性质、目标、结构、内容、实施建议等进行阐述，提出一门课程的基本理念与价值观，提出对学生的基本要求。

我国幅员辽阔，各级各类学校差异显著，学生基础更是参差不齐，因此课程标准的阐述往往比较概括。这在为不同区域、各级各类学校提供指导性的同时，也保留了一定的实施空间，为教师预留了创造的天地。也正因为如此，有些教师会觉得它有点儿“高高在上”，对具体教学过程的指导性还不够强，可直接使用的素材还不够多。

考试说明是针对本年度考试的具体说明

考试说明是由国家考试中心或各省市考试院，针对本年度的重要考试制定的具体说明。它主要介绍当年中考或高考各学科的考试范围、命题思想、试卷结构等，并提供示范题型。

从定位上看，考试说明就是帮助教师和学生备考的。根据不同层级的考试，各个省市的教育主管部门，根据课程标准的要求，结合本地区使用的教材、生源情况、招生人数等因素，对考试科目、考试范围、试卷结构等加以说明，帮助师生有针对性地复习应考。

从内容上看，考试说明往往涉及具体的考点，表述得比较清晰，教师更容易把握。教师研究考试说明，很容易发现考试内容有哪些变更，能力要求有哪些侧重，难度是否有所调整。考试说明一般都配有样题，针对性较强。

课程标准“对决”考试说明

课程标准、考试说明同为教师进行教学设计的指导，差异却很大。课程标准的指导性更概括、宏观，而考试说明更具体、细致。

例如，课标中常常出现“知道”“了解”“掌握”“理解”这样的动词，但教师很难区分和界定。教师往往不太清楚什么是“掌握”，做到什么程度就是“理解”。因此，教师虽然写了教学目标，但常常不够清晰，可测量性不强。

考试说明里描述的考点与教材里的基本一致，将不同知识点进行了分级处理，教师更容易把握重点和难易程度，还可以参考对应的样题来矫正自己的理解。

在课程标准与考试说明的“竞争”中，好像考试说明赢了，但风险也隐含在其中。

第一，考试说明定位于对当年考试的解读，定位于帮助师生备考。考试说明虽然源自课程标准，但受到教材使用、生源情况、试题素材等多方面的制约，内容阐述具有局限性。课程标准注重对学生综合素质的培养，追求长期教育目标和学生未来发展，考试说明不应成为教学的全部依据。

第二，考试说明每年修订，无论是考点的增减，还是试卷结构的调整、试题方式的变化，都相对缺乏稳定性。课程标准则不同，从新中国成立至今，课程标准总共修订过 8 次，是相对稳定的。这种稳定性源自教育目标的稳定性，教育规律的稳定性，学科价值的稳定性，学生认知特点的稳定性。这种稳定性是教师设计教学的根基，是制定教学目标的依据，课程标准对教学的指导作用不可替代。

让课程标准成为教学和评估的依据

有人对教学工作做过一个比喻，把课程标准比作圆心，教学目标比作半径，无论我们教授哪一门课程，不论圆有多大，半径多长，都离不开圆心。教学不依据课程标准，没有对准圆心，就难谈达标，更谈不上有效。

课程标准为教学和评估指明了方向

教师在备课过程中，如果不依据课程标准，仅仅围绕教材挖掘，过度强调教材逻辑，就容易使教学目标走偏，容易陷入“教教材”的误区，削弱课程的育人价值。

备课过于依据考试说明，就容易使教学过于关注结果，忽略过程与方法，忽略知识的发展过程。教学过程过于重视细碎的知识点，关注考点变化与答题技巧的训练，就容易淡化对真实生活的关注，忽略学科思想的建构和学科能力的培养。

如何规避备课中的这些误区？我们究竟为什么教？教什么？怎么教？这些问题的答案都在课程标准中。综观课程标准，其中的每一项内容都为教学和评估指明了方向，指导我们不论是在教学还是评估时，都要更加关注真实生活，更加关注学习的过程，在学生的真实学习和深度体验中培育学生的核心素养。

课程标准让教学和评估统一成为可能

2017年版普通高中课程标准，在加强对教学和评估的指导上做了探索，让教学和评估的统一成为可能。

首先，课程标准中提出的“学科核心素养”，为教学和评估指明了方向。它指导教师在教学目标的设计上，应更加关注人的培养，综合品质的提升；在教学过程中，应更加聚焦真实的问题情境，聚焦现实问题的解决。同时，在诊断评估上，也指导教师应走出对具体知识点的考查，走出偏题、怪题的误区，立足真实情境、真实问题，考查学生综合运用知识、解决问题的能力。

【案例　一道数学考题】

目前商业房屋贷款还款方式主要采用等额本息还款方式，即每月还款金额相同，到期将本金和利息全部还清。下面是2014年某地等额本息还款方式下的个人住房商业性贷款利率及万元还本息金额表（部分数据）：

个人住房商业性贷款利率及万元还本息金额表						
年数	月数	月利率（‰）	年利率（%）	月还款额（元）	本息总额（元）	总利息（元）
1	12		5.31	到期一次还本付息		
2	24			440.104		
3	36	4.425	5.31	301.103	10839.7	839.7
4	48	4.425	5.31	231.7	11121.593	1121.593
5	60	4.425	5.31	190.136	11408.153	1408.153
…	…	…	…	…	…	…
10	120	4.65	5.58	108.923	?	?
…	…	…	…	…	…	…
30	360	4.65	5.58	57.282	20621.464	10621.464

（1）对 10 年期贷款，贷款 100 万元，还清贷款后，共还利息总和多少元？

（2）对 10 年期贷款，写出在等额本息还款方式下，还款 n 个月后与还款 $n-1$ 个月后本息欠款之间的关系式（本息欠款 = 本金和利息的总和 – 已还款总额）。

（3）推导 30 年期等额本息还款方式下的每月还款额的计算公式。

这道数学题是根据课程标准的要求编制的，题干不是一串串抽象的符号，要回答的问题也不是简单的数学计算结果，而是一个现实问题。很多家庭有房贷问题，贷款金额不同，还款方式不同，还款金额究竟是多少，如何推算，这是数学问题。但此时，学生更是用数学知识解决一个真实问题，学生不仅是在学数学，更是在用数学。

其次，课程标准新增加的“学业质量标准”，明确将学生的学业质量划分为不同水平。有的学科划分为三级，有的学科划分为四级，不论划分为多少个层级，也不论是哪个层级，都是围绕本学科的核心素养，结合课程内容和学习方法进行描述的，这就使学业质量与课程目标更加统一（见表1-1）。

表1-1 课标中针对“物理观念”素养不同水平的描述

水平	质量描述
1	初步了解所学的物理概念和规律，能将其与相关的自然现象和问题解决联系起来。
2	了解所学的物理概念和规律，能解释简单的自然现象，解决简单的实际问题。
3	了解所学的物理概念和规律及其相互关系，能解释自然现象，解决实际问题。
4	理解所学的物理概念和规律及其相互关系，能正确解释自然现象，综合运用所学的物理知识解决实际问题。
5	能清晰、系统地理解物理概念和规律，能正确解释自然现象，能综合应用所学的物理知识灵活解决实际问题。

另外，还有一点很重要，2017年版普通高中课程标准明确指出，学业质量的不同水平就是不同水平考试的命题依据。任何部门、任何组织进行诊断评估时，都要遵循课程标准，依据学业质量标准的不同水平要求进行命题。

例如，数学学业质量水平一是高中毕业应达到的要求，它既是对教学的要求，同时也是高中毕业学业水平考试的命题依据；学业质量水平二是高考的教学要求，同时也是高考的命题依据。这样就让教学和评估走向了统一。考试说明也由此退出了历史舞台。

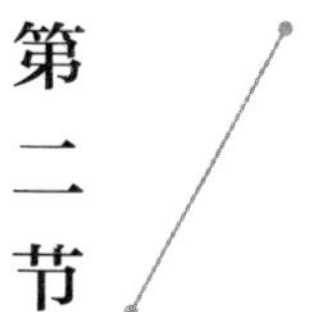

第二节 教学目标是教学活动所期待的学习结果

教学目标是教师在具体教学过程中制定的目标。它是教学活动所期待的学习结果，它是教学过程的出发点和归宿。

教学目标离我们并不远

教学目标是教师再熟悉不过的，几乎每天都涉及。备课，首先要“备目标”；评课，首先要“评目标”。它是教学的方向标，对课堂教学具有导向作用。

请看几个有关教学目标的案例。

【案例　高中地理“自然界的水循环”教学目标设计】

1. 水资源的概念、陆地水体的类型及其相应关系。
2. 水循环的主要环节及意义。
3. 河流径流与河水补给的关系。

此目标只列出了本节课要学习的具体内容，只有知识一个维度，没有技能目标，没有情感态度与价值观目标，也没有应用所学内容解决问题的目标。教师对学习结果的预期比较低。

此目标只罗列了要学习的知识点，行文中没有加入动词，没有表明每个知识点应该掌握到什么程度。这样，在教学过程中，教师就不容易把握教到什么程度，学生也不知道应该学到什么程度。同时，教学目标陈述得不清晰，也就很难测量目标是否达成了。

此目标中没有对学习过程与方法的表述。要实现这些教学目标，有哪些路径可以选择？需要借助哪些条件？需要什么任务支撑？学生和教师都不清楚，这样的教学目标对教学的指导性不强。

【案例　一节初中语文课的教学目标设计】

1. 引导学生弄清各句的含义。

2. 理清作者表达的主要意思，培养学生欣赏诗歌的能力。

3. 通过本课的学习，使学生受到理想信念教育，树立正确的人生观。

此教学目标中有知识目标，也有培养学生“欣赏诗歌的能力”的能力目标，以及“理想信念”的情感态度价值观目标。描述目标时使用了“引导”“培养”“树立”等动词。

但这些动词的行为主体都是教师，是教师“引导学生”，是教师“培养学生”，是教师“使学生”……这反映出教师在设计教学目标时还是站在自己“教什么”“如何教”的角度进行设计的。

教学目标决定教学行为，不同视角下设计的教学目标，课堂上学生的地位和学习行为自然不同。下面一个案例可以让我们更真切地感受到让“心中有学生”的理念落地是多么不容易。

【案例　初中数学“平行线的基本图形”教学目标设计】

教学目标第 1 版

1. 能正确选择判定定理或性质定理进行推理，提高推理能力。

2. 能根据图形结构特征，通过添加辅助线，构造平行线性质的基本图形。

3. 能够对同一个问题采用不同方法解决，提高解决问题的能力。

4. 能从变化的角度提出问题并利用基本图形解决问题，渗透转化的数学思想方法。

第 1 版的教学目标是一位教师在学习课程标准后确定的。该教师认为这个目标不仅关注了知识，关注了过程与方法，还注重了学生能力，与当下培养学生核心素养的理念吻合。

在研讨过程中，大家提了不少意见。有的教师针对目标中“提高推理能力”“提高解决问题的能力”提出质疑：“如何证明这节课的学习提高了学生的推理能力和解决问题的能力？证据是什么？”有的教师针对目标中“同一个问题采用不同方法解决”提出了疑问，认为表述不够清晰：“究竟是什么问题？都采用了哪些方法？是否所有学生都要掌握这些方法？”有的教师认为第 1 条目标应该是前一节课要落实的内容，并不是这节课的目标；还有的老师提出第 4 条目标的表述也容易让学生产生误解，导致无法深入探究等。

大家对第 1 版教学目标的总体评价是：目标内容太多，不够清晰，与学生实际情况不吻合。

教学目标第 2 版

1. 根据图形结构判断能否直接使用定理。

2. 会使用一种方法解决问题。

3. 会使用两种或两种以上方法解决问题。

4. 会总结、归纳。

第 2 版的教学目标是教师根据教研组备课意见修改过的。此时教师已经意识到，教学目标不能说大话、空话，要结合学生的实际。所以，第 2 版的教学目标虽然还是 4 条，但语言简洁了，提的都是具体内容，目标的可操作性提高了。

但第2版的教学目标更像具体教学过程的流程，像教学环节，不像教学目标。教研组建议当事教师思考以下问题，并重新设计教学目标。

反思的问题

1. 通过这节课希望学生掌握什么？

2. 这节课上学生已经掌握了什么？

3. 希望这节课给学生留下什么？

这三个问题都指向学生。将上述问题搞清楚，可以使教学目标定位更准确，内容更适切。面对这些问题，教师重新拿出学生的作业，认真查看学生完成作业的情况，拿出学生的诊断试卷，重新分析学生做错题的原因，并对学生做了访谈，了解学生之前的经验与学习基础，设计出第3版的教学目标。

教学目标第3版

1. 会从复杂图形中分离出平行线基本图形。

2. 会根据已知图形的结构，添加辅助线，构造平行线的基本图形。

第3版的教学目标只有两条。由于对学生做了较深入的调研和分析，此时，教师可以有理有据地说明为什么设计这两条教学目标。但面对此目标学生还不知道该如何做，需要进一步完善表述，使学生能看得懂，看得明白。此后教师又思考了教学目标的表述方法，设计出第4版的教学目标。

教学目标第4版

1. 学生能够用分离平行线基本图形的方法，解决含有两组平行线的图形问题，预期80%的学生能达到。

2. 学生能够根据已知图形的结构，添加辅助线，构造平行线的基本图形，预期 80% 的学生能达到。

第 4 版的教学目标是比较清晰、适切的，可操作性明显提高。

首先，对象是学生，清晰定位了学生是学习的主体。

其次，教学内容表述具体。“解决……”“构造……”这样的表述使教学过程既清晰又具有可操作性。教师知道这节课教什么，学生知道这节课学什么。清晰的表达也有利于教师发现学生在学习过程中遇到的问题和困难，从而可以有针对性地帮助学生，这样的目标表述也有利于师生对学习结果进行诊断、评估。

再次，教学目标中指出了实现教学目标的条件。“用……方法”“根据……添加”，为学生的学习提供了脚手架，学生可以借助这些解决相关问题，完成教学目标。这样的提示渗透了学科的学习方法和研究方法，有利于学生形成数学学科思维。

最后，基于对学情的分析，教师预估 80% 的学生可以达成目标。

（此案例由北京市十一学校于晓静团队提供）

以上三个关于教学目标的案例，让我们发现，教学目标虽然是我们所熟悉的，但却未必真正了解它；每天制定的教学目标也未必都是正确的，用起来也不一定得心应手。在日常教学实践中，不论是重视问题设计，还是知识落实；不论是关注个别化辅导，还是帮助学生自主学习；不论侧重对哪个方面的研究，教学目标都是绕不过去的，都是首先要面对的。

教学目标从哪里来

教学目标的制定是教学设计的起点，在日常教学中，教师是如何确定教学目标的呢？

一节教学目标达不成共识的公开课

下面，请看一个案例。

【案例　初中历史“八国联军侵华战争”教学目标分析会】

一位入职不久的青年教师承担了一次研究课，内容是“八国联军侵华战争”。课后，大家针对这节课进行了研讨。研讨会伊始，授课教师首先阐述了自己这节课的教学目标。

1. 能够说出义和团的口号（理解）。
2. 能够说出八国联军在中国犯下的罪行（理解）。
3. 理解为什么说《辛丑条约》使清政府成为西方列强统治中国的工具（理解）。

（此案例由北京市十一学校杨春彦团队提供）

之后，七位教师相继发言。

A 教师对目标提出了质疑，认为目标设计得过大，不容易落实。B 教师基本同意 A 的意见，并做了进一步阐释。C 教师对这三条教学目标都定位于“理解”提出质疑。

A 教师：	B 教师：	C 教师：
三个目标都设计得太大了，一堂课根本完不成，而且描述得都很笼统，比较宽泛，很难落实。	目标的确太宽泛了。其中第 2 条，我就很想了解，初一的学生能理解“罪行”吗？至少也应该做一些铺垫。比如，西方列强在中国土地上做了什么？造成了哪些伤害？什么证据表明这些伤害的程度？怎么就构成了罪行？……	前两个目标设计的“理解”，并非真正的理解。“理解”是有不同层次的，对学习目标而言，都设计为“理解”是否合适？

然后D教师发言，他认为教学目标设计得是否合适，应该放在整个学科体系中考虑，应该根据课程的总目标来确定。E教师对课堂中设计的历史剧特别感兴趣，认为这个活动设计是亮点，但教师没有充分利用，并指出对初一的学生不必反复落实知识点。

D教师：
我不同意大家所说的，任何人都不能简单地判定这三个目标是否合适。我认为应该看看这节课在历史学科中的位置。如果一年的学习需要涉及四次对“罪行”的理解，那么这是第几次？这次应该讲到什么程度？应该在这样的前移后续中判断目标是否合适。

E教师：
这节课设计的历史剧太棒了！我从未见过写得这么好的历史课本剧，由此可见教师的功底。但这个亮点没有被放大，用得不充分，而是去“砸”一个个知识点。才初一的孩子，不用这样砸知识点。

此后，又有两位教师F和G发言。

F教师：
这节课上得真好！如果都像你这么上，知识点“砸”得这么扎实，到高三我们可就省心了，孩子们的历史知识该多牢固啊！非常好！

G教师：
这节课知识点落实得还不够，还不够扎实，还浮在表面，应该“砸”得更深入才好。

七位教师的点评，有的说课上得好，有的说重点没放对地方；有的说目标设计得过大，有的说目标都设计成“理解”不合适，有的说该是什么目标就是什么目标；有的说落实知识点正确、落实得好，有的说不应该“砸”知识点……

作为一名青年教师，该听谁的呢？为什么大家对一节课的教学目标达不成共识呢？教学目标到底应该从哪里来呢？评价教学目标是否适切的主要依据又是什么呢？这些问题都值得我们思考。

制定教学目标的基本原则

教师在备课、研讨教学目标的时候，应该从哪里切入？如何评估一节课的教学目标制定得是否合适？以下三条原则不容忽视。

1. 整体性原则

教学的最终目的是育人，所以，制定教学目标时，既不能割裂知识技能、过程方法、情感态度价值观三维目标彼此的关联，也不能割裂知识与技能的关系、过程与方法的联系、情感态度与价值观的统一。制定教学目标从整体性出发，就是强调要定位于人的培养，立足核心素养来制定教学目标。整体性还体现在课程目标、单元目标、课时目标是一个目标体系，彼此要有连贯性，是一个统一的整体。

2. 主体性原则

教学目标是对学生要达到的学习结果的描述，目标是由学生来实现的，因此，教学目标的制定要从学生的视角出发。首先，教学目标要描述清晰，学生能看得懂，看得明白。其次，教学目标应难度适中，既符合学生的认知特点和已有经验，又处在学生的最近发展区。最后，教学目标要关注学生的个体差异和不同需求，要设计得有层次、有梯度，学生有选择的空间。

3. 可操作性原则

教学目标要描述具体，能实施，能测量。忌空话、套话，大而不当。要将“知识与能力”“过程与方法”“情感态度与价值观”三个维度通盘考虑，厘清关系，设计出能落实、可评价的教学目标，教师知道教什么、教到什么程度，学生知道学什么、学到什么程度。

教学目标要与课程标准对接

在课堂上落实核心素养，教学目标的设计要从知识的了解与记忆，转变为关键能力、必备品格的培育，特别强调教学目标与课程标准对接。

教学目标要定位于核心素养的落实

核心素养是学生能够适应终生发展和社会发展的必备品格、关键能力和价值观。面对新情况、新问题，他们要能找到策略和方法，知道如何研究和突破，这样的素养需要在今天的课堂上进行培育。

培育学生素养的一个重要切入口是问题解决。从比较简单的问题到特定的问题，到较复杂的问题，再到真实的问题、不确定的问题，通过创设不同层次的问题情境，提供不同复杂程度的问题，在问题解决的过程中，激发学生的思维，发展学生的认知，让他们找到解决问题的方法，形成解决问题的基本策略。也就是说，应在问题解决的过程中，帮助学生学习解决问题，提升能力和素养。

教学目标是否落实了核心素养，一个检验标准就是看教学设计是否给学生提供了充分体验、探究的机会，是否将问题解决贯穿课堂，是否将所学内容与学生的实际生活建立联系。请看下面的案例。

【案例　高中生物“细胞结构”单元】

“细胞结构”单元主要介绍细胞在电子显微镜下的亚显微结构，包括细胞膜、细胞质和细胞核的结构和功能。教材关于这部分内容共两章六节，加上实验内容，建议八课时完成。

如何在这部分内容的教学中落实核心素养?

首先，教师学习、研究课程标准，对学习后应达到的总目标做到心中有数。

生物学科的核心素养包括“生命观念、科学思维、科学探究、社会责任”四个方面。学业质量标准共有四级水平，水平二是高中毕业生在本学科应该达到的合格要求，水平四是学业水平等级考试的命题依据。

其次，教师系统分析本单元内容，挖掘学科本质，尝试与核心素养建立联系，为落实核心素养找到具体载体和实施路径。

本单元与“生命观念”这条核心素养有什么关联呢？分析如下。

本单元涉及细胞的微观结构，这些微观结构是什么样的？一定与其功能有关；每个结构要执行特定功能，也一定依赖自身特定的结构。这样看来，细胞中的每一个结构都蕴藏着生命的“结构与功能观”。另外，通过思考这些结构为什么如此，为什么具有这样的功能，“进化与适应观”也贯穿其中。同时，细胞只有保持结构完整，每个部分既分工又协作，才能完成生命活动。因此，生命的“整体观”和“系统观”也蕴含其中。

因此，本单元教学重点不是具体介绍每个结构，而是帮助学生建构“结构与功能观”“进化与适应观”等生命观念，用这样的生命观念去理解细胞的结构与功能，去解释与细胞结构有关的实际问题。

本单元在哪些环节，通过什么方式，可以落实“科学思维”这条核心素养呢？分析如下。

科学思维强调尊重事实和证据，崇尚严谨务实的态度和运用科学的思维方法。结合细胞结构内容，本单元可以提供给学生细胞结构发现的科学史资料、生物技术助力科学发现的资料、探究食物营养成分的实验素材以及制作细胞模型的材料，帮助学生基于生物学事实和证据，运用归纳和概括的方法、模型与建模的方法探讨、解释细胞内的生命现象。

最后，教师根据以上分析和梳理，确定单元教学目标。

第一个维度：知识应用

1. 能解释在一项具体生命活动中，细胞各个部分是如何分工合作、相互关联的。

2. 能从细胞水平，推断一项生命活动出现异常时可能的原因。

第二个维度：意义建构

1. 能用证据支持“细胞各部分结构既分工又合作，共同执行各项生命活动”。

2. 能举例说明“细胞的结构是由物质组成的”“细胞的结构与其功能相适应”。

第三个维度：知识技能

1. 能说出细胞的亚显微结构。

2. 能熟练制作临时装片，能利用高倍镜观察细胞结构、细胞吸水与失水。

本单元不仅要完成知识与技能目标，还要帮助学生进行更上位的意义建构，理解学科概念和观念，并利用它们去解释、解决具体的问题，从而使核心素养落地。

教学目标要聚焦学科大概念的构建

课程标准中的“课程内容”部分，描述了这门课程所涉及的具体内容。在新课程标准中，不同学科课程内容的呈现方式都发生了变化，一个共同特点是从“小走向大”，从学科具体知识点的罗列走向概念、主题、单元和项目。

例如，语文学科的课程内容，从语文的学科特点和学习语文的规律出发，以语文学科核心素养为指导，以语文实践为主线，设计了“语文学习任务群”。这样就指导教师走出单篇课文的教学，从整体和任务出发，帮助学生形成正确的思想和观念。

例如，数学课程内容在安排上，依据课程目标，注重数学核心素养与课程内容的关系，注重直接经验与间接经验的关系，以“主题”的形式呈现。其中，必修课程包括五个主题，同时将数学文化融入不同的课程内容。这样的课程内容可以更好地指导课堂教学，特别是教学目标的制定。教师要将本主题的内容视为一个整体，统一进行考虑，通过整合主题的内容帮助学生建立数学模型，感悟数学抽象，学会逻辑推理，形成学科大概念。

教学目标与课程标准对接，课程内容是载体。课程内容呈现方式的变化，提示我们在设计教学目标时，要跳出具体的知识点，从学科的核心价值出发，从学科的本质思考，聚焦学科概念、原理和学科思想，通过形成这些学科“大概念”，帮助学生解决实际问题，提升学科核心素养。

第三节　标准是纲，纲举才能目张

对教学来说，课程标准具有导向性作用，是展开教学活动的方向，是“纲”。依据课程标准，制定教学目标，意味着教学的大方向是正确的；按照落实核心素养的要求，设计教学活动，意味着教学实施走在了有效教学的路上。

新课标新在哪里

与2003年版课程标准相比，2017年版课程标准被称为“新课标”。新课标“新”在哪里？

很多专家都做过解读，并与2003年版课程标准做过对比分析。例如，新课标修订了课程方案，优化了课程结构，更新了教学内容，进一步明确了普通高中教育的定位等。

下面，我们从教学实践的视角、从指导教师优化教学设计的维度，来分析课程标准的两大亮点。

凝练了学科核心素养，指明了教学的方向

新课程标准的一个突出亮点是每个学科都凝练出了“学科核心素养”。

2016年，《中国学生发展核心素养》总体框架发布，从文化基础、自主发展、社会参与三个维度定义学生应具备的、能够适应终身发展和社会发展需要的必备品格、关键能力和价值观（见图1–1）。

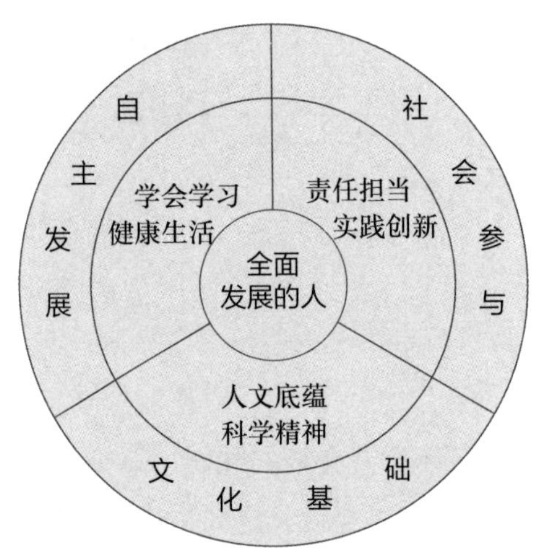

图 1-1　中国学生发展核心素养框架

2018 年，高中新课程标准颁布，14 个学科都凝练出了学科核心素养（见表 1-2），并且明确提出，课堂教学要从“知识技能”向“核心素养”转变，课程实施要以落实“学科核心素养”为宗旨。

表 1-2　部分学科的学科核心素养

学科	核心素养
语文	语言建构与运用　思维发展与提升　审美鉴赏与创造　文化传承与理解
数学	数学抽象　逻辑推理　数学建模　直观想象　数学运算　数据分析
物理	物理概念　科学思维　科学探究　科学态度与责任
历史	唯物史观　时空观念　史料实证　历史解释　家国情怀

新课标提出的“学科核心素养”不仅能帮助教师提升教学目标，还可以引导教师在具体的教学设计中实现以下三个转变。

1. 由“抽象知识”向“具体情境”转变

核心素养着力提高学生面对复杂情境的问题解决能力，使学生能够适应飞速发展的信息时代和复杂多变的未来社会。

以往的教学多以学科知识为核心，注重知识体系的完整性，传授的知识往往过于抽象，难以形成解决实际问题的能力。真实世界中的问题往往更加复杂和多元。核心素养的提出，可以引导教师在教学中，注意把抽象知识与真实情境相结合，关注情境的创设，为学生提供更多的、能够利用所学知识解决真实问题的机会。

2. 由“知识中心”向“素养中心”转变

新课标的“核心素养”目标，是在过去“双基”目标、“三维”目标基础上发展起来的。现在强调“核心素养”目标，不是说三维目标不正确了，也不是不重视知识技能目标了。三维目标如果不整合、不借助过程与方法，知识技能目标就很难落实；没有适合的载体，学生没有充分的体验，情感态度与价值观的目标也不容易达成。

学科知识在学习中始终扮演重要角色，任何时候都不能忽略知识技能目标。学生通过对学科知识的学习，品德和价值观都会打上学科的烙印，这个过程就是学科素养形成的过程。然而，目前的教学实践，过于强调学科知识，弱化了由知识转化为学科素养和能力的过程。核心素养目标的提出，可以帮助教师扭转知识本位的思想，引导教师在将知识转化为能力与素养上下功夫。

3. 由“教师中心”向“学生中心”转变

新课标提出的“核心素养”，从本质上说，是学生应对复杂的、不确定问题时所表现出来的综合品质。这种综合品质的培养，离不开学生的积极参与，更离不开学生的深度体验和探究。核心素养就是学生在与情境的持续互动中，在不断解决问题的过程中形成的。所以，核心素养这一概念，本身也蕴含了学习方式和教学方式的变革。它指导教师在教育实践中，要以学生为中心，引导学生开展基于问题解决的项目研究，开展体验式的、合作式的、探究式的学习。

研制了学业质量标准，增强了对教学的指导

新课程标准的另一个亮点是每个学科都研制了学业质量标准。

如果说各个学科都凝练出了学科核心素养，体现了新的课程育人价值观，那么学业质量标准的研制，则体现了将育人目标落地的教育质量观。

首先，学业质量标准结合了不同课程的具体内容、学科思想以及研究方法。这样的描述让教师感觉亲切、具体，能引导教师重新思考所教学科的价值、所教内容的意义，帮助教师走出具体的知识点，站在核心素养的高度重新思考教学。

其次，学业质量标准遵循的维度是每个学科的核心素养。也就是说，学业质量标准按照每个学科核心素养的维度，结合本学科的具体内容，进行不同水平的描述。这些水平之间的差异主要表现在问题情境的真实程度不同、问题的复杂程度不同、解决问题所用的概念范围不同，但它们聚焦的都是学科核心素养。用不同水平描述学业质量标准，利于教师不断对比、反思自己的教学，帮助教师始终围绕核心素养不断调整、优化教学目标。

最后，学业质量标准明确提出它是阶段性评价、学业水平考试命题的重要依据。这意味着今后的各种评价考试，不论是哪个部门命题，依据都是“学业质量标准”。这就避免了教学与评估的两张皮，使教、学、考、评都统一到核心素养上来，都体现到对问题的解决上来，重塑了学业质量观。

核心素养如何转化为教学目标

核心素养的提出为学科教学指明了方向，如何将核心素养这一课程观、教学观和质量观落地呢?

课程标准转化为教学目标是一个系统工程

课程标准提出的核心素养是课程的总目标，它与具体的教学目标之间还有很多小台阶。

这些小台阶是什么呢？就是这门课程的具体目标、这门课程下不同模块的具体目标、每个模块下不同单元的具体目标，以及每个单元下不同课时的具体目标。这些小台阶是从“课程”到“课时”的一系列具体目标。这一系列具体目标构成了落实核心素养的目标系统。

在这个目标系统中，一方面，每一个具体目标都是由核心素养总目标分解来的，每一个具体目标都是与核心素养的总目标有关联的：或不断进阶，或夯实强化，或持续深入。另一方面，由总目标分解来的各个具体目标，彼此环环相扣，既边界清晰，又相互关联，相互作用，一脉相承，共同指向核心素养的总目标。（见图 1–2）

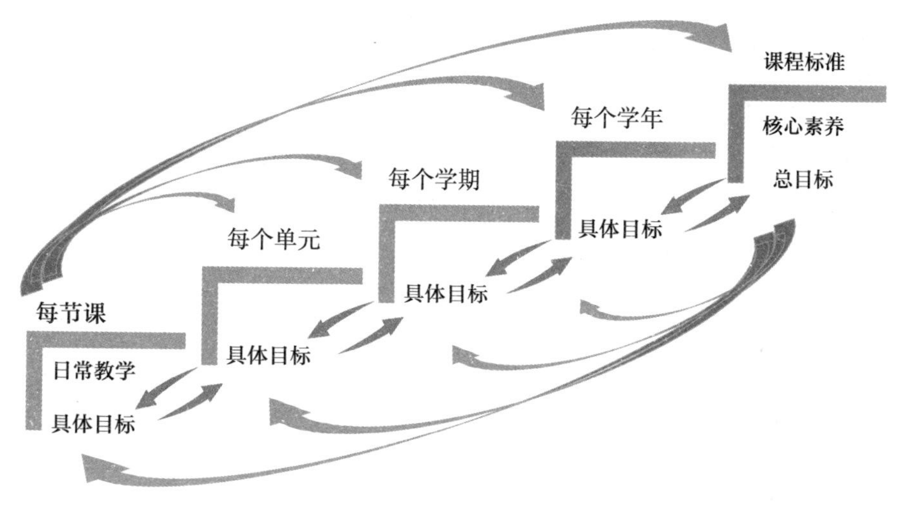

图 1–2　基于核心素养的目标系统示意图

将核心素养转化为一系列具体目标后，只要系统中的每个具体目标落实到位了，核心素养的总目标也就达成了。核心素养这个总目标的落实不是随机、随意，撞运气式的落实，而是在每节课、每个单元、每个模块中有计划、有步骤、分阶段、系统化的落实。

课程标准转化为教学目标是一个复杂过程

将课程标准转化为具体、可操作的教学目标，是系统工程，自然也就决定了这个过程不是一蹴而就的，不是很容易的。它涉及教学最核心的地方，挑战学科最本质的东西。要实现这个转化，教师不仅要对课程标准进行系统分析和研究，还要研究学生的认知规律，研究各种版本的教材，研究教学实施过程、质量评估过程等。因此，这对教师的教育观、课程观以及专业能力提出了挑战。

但这一步是绕不过去的。

首先，教师要系统学习、研究课程标准，特别是“课程的性质”“课程的理念”以及“课程的总目标”部分，深入挖掘课程标准的内涵，领悟课程标准的深刻含义，用课程的总目标统领具体目标，将课程理念贯彻到每个具体目标中。在此基础上，进一步细化“学科核心素养”。

目前，不同学科的核心素养有的是四条，有的是五条，不论多少条，都是高度概括、比较宏观的。教师需要思考每条核心素养都包含了什么内容，可以从哪些维度理解，可以从哪些方面细化。例如，“科学探究”的具体内容是什么，“科学精神”包含了哪些精神，“科学思维”的具体表现是什么等。

其次，教师要将这些上位的课程理念、课程性质与学业质量标准、课程结构、课程内容建立联系，找到落实素养目标的载体。

例如，新的课程结构包括必修课程、选择性必修课程和选修课程三类，根据学业质量标准的不同水平，可以先将核心素养与具体的课程相结合，在不同的课程中找到核心素养落实的载体，进而再将核心素养与具体的课程内容建立联系，为落实核心素养找到具体的内容载体。

最后，教师根据学业质量标准的不同水平，结合学情，将课程标准中的核心素养向一系列目标转化。即先转化为这门课程的具体目标；每门课程有不同的模块，继而再转化为每个模块的具体目标；每个模块又有不同的单元或主题，可以再将其转化为单元目标；每个单元需要若干

课时完成，最后落实到每个课时的具体目标上。（见图 1–3）

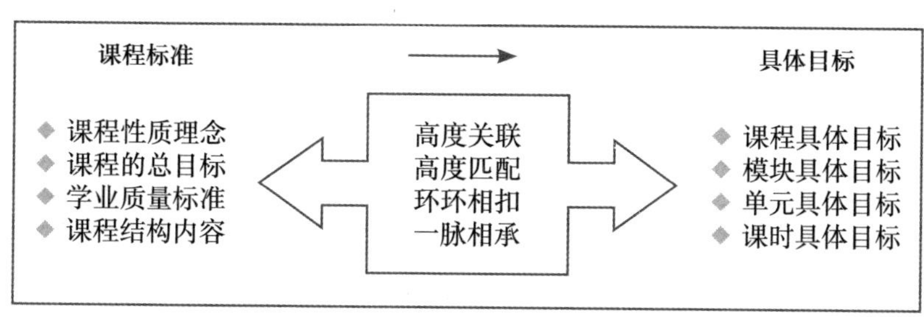

图 1–3　课程标准与教学目标关系示意图

转化后每一层级的目标，与课程标准的总目标，与学科核心素养高度关联、高度匹配，而且各级目标之间，环环相扣，一脉相承。此时在不同的学段，核心素养重点落实什么，落实到什么程度，都非常清晰。

在实际工作中，目标的分解不一定从上到下逐级进行，可以从任何一个层级开始，然后将其连接起来，形成环环相扣的目标体系。

例如，可以从单元目标开始，向上再汇总成模块目标，向下分解为课时目标。但不论从哪个层级的目标开始，都要注意这个转化不是将知识点进行整合，也不是把课程标准与教材内容进行简单对接，而是围绕学科核心素养、学科大概念的分解和细化。此时的单元也不一定是教材中编写的单元或章节，而是整体把握学科的关键内容、结合生活实际的重构单元。

避免核心素养与教学目标两张皮

无论是自上而下，将核心素养总目标转化为一系列具体的目标，还是自下而上，由具体教学目标拾级而上，汇聚成核心素养的总目标，都是一个美好的蓝图。在教学实践中，在实施层面还需要规避很多误区，想清楚很多问题，以避免核心素养与教学目标两张皮。

请看下面的案例。

【案例　高中政治“神奇的货币”教学目标设计】

1. 知识目标：掌握货币作用、信用工具、金钱观。

2. 能力目标：分析、归纳、理解、思辨、运用能力。

3. 情感态度与价值观目标：树立正确的金钱观。

4. 核心素养目标：科学精神、公共参与。

上述教学目标，从三维目标上看，全面、完整；从落实核心素养的角度看，涉及两个学科核心素养。但这个教学目标除了知识目标基本可行外，其他目标很难落地。特别是“科学精神”与“公共参与”两条核心素养目标，没有具体分解，人们不清楚“科学精神”具体包含哪些精神，不知道“公共参与”可以从哪些维度进行，也没有将核心素养目标与单元的具体内容相结合，更没有实施能力目标、情感目标和核心素养目标的具体过程和路径。

避免核心素养与教学目标两张皮，需要做到两个坚持。

坚持学生立场

课程标准、核心素养的细化与转化，要定位于学生的终身发展，立足于学生的关键能力和必备品格，应让分解下来的教学目标不仅具体、可操作，更要有承载力，更聚焦现实问题的解决，指向知识的迁移应用，指向学科大概念的建构。应使学生能够根据这样的目标不断思考、探索，在完成具有挑战性的学习任务中逐步培育核心素养。

坚持学生立场，还体现在目标的制定应满足学生的需求，符合学生的认知，能激发学生的学习动机；转化后的目标能引领学生积极参与，帮助学生获得有意义的学习过程。

坚持系统思维

将课程标准、核心素养转化为教学目标，不是简单地转化为某一节课的教学目标，也不是某一单元的目标，而是转化为一个目标体系，一个目标系统。在这个过程中，教师要坚持系统化思维。

系统化思维一方面表现在教师上的每一节课、每一个单元，都不是孤立的，而是有关联的。这个关联不仅是学科知识的关联、学科逻辑的关联，更是落实核心素养教学目标的关联。

此时的每一节课、每一个单元，即使目标还没有形成体系，教师也要清楚它们都是指向核心素养总目标的，也要尽可能地将核心素养的指标与学科的具体内容建立联系，也要尽可能清楚本节课、本单元落实了核心素养的什么内容，落实到了什么程度，为将来建构系统化目标体系做好准备。

系统化思维另一方面还表现在要坚持“教学目标 — 教学过程 — 诊断评估”的一致性。在整个教学链条上，在教学设计的不同环节上，应系统思考，整体设计。避免陷入制定目标是一回事，教学过程是一回事，教学诊断、评估又是另外一回事的误区。要让教、学、考、评都统一到核心素养的维度上，统一到问题解决的现实中。

第二章
从课时教学到单元重构

课时教学有哪些优势与不足？为什么要重构单元，进行单元教学？

从“课时”到“单元”，是在课堂上落实核心素养的重要途径，也是教学设计中教师需要做出调整的地方。

【在课堂上】

- 单元重构不是知识点的整合或章节的合并。
- 单元重构应立足核心素养导向的单元目标。
- 重构后的单元是基于问题解决的学习单元。

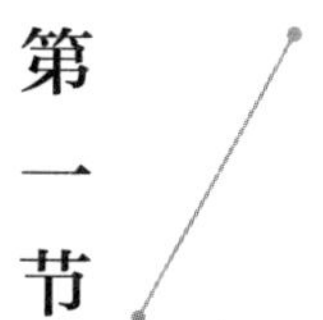

第一节 课时教学主要以一节课为单位进行设计

课时教学，具有悠久历史，已经积累了丰富的教学策略和教学方法，形成了清晰的教学流程，具有比较好的教学效果。

课时教学有利于知识的落实

课时教学有利于知识的落实，教师通常都偏爱课时教学。

课时教学的环节比较完善

经过不断摸索和积累，课时教学的环节已经比较完善。以新授课为例，上课的一般流程是：先利用 1—2 分钟创设情境，导入新课；然后，用大部分时间讲授新课，其间会组织学生讨论、进行实验探究等；最后留 2—3 分钟进行课堂小结和学习反馈。

请看下面的案例。

【案例　高中物理“牛顿第一定律”的教学设计】

教学目标

1. 了解相关的物理史实，知道伽利略理想实验的装置和思想方法。
2. 理解惯性的概念，能比较清楚地解释惯性现象。
3. 掌握牛顿第一定律。

教学环节

第 1 个环节：预习自学，填空小测（约 8 分钟）

第 2 个环节：新课学习（约 32 分钟）
- 内容 1：力和运动的关系以及历史回顾
- 内容 2：牛顿第一定律
- 内容 3：惯性与质量

第 3 个环节：课堂小结，随堂练习，布置作业（约 5 分钟）

在核心的第二个环节“新课学习”中，教师聚焦三个内容，分别设计了探究实验、师生互动讨论和习题巩固等环节，逐步推进对新内容的学习。

内容 1：力和运动的关系以及历史回顾

1. 学生探究实验：斜面阻力对小车运动的影响。
2. 师生互动讨论：分析实验现象，讨论问题。
3. 对比分析亚里士多德、伽利略、笛卡尔、牛顿的研究结论。
4. 巩固练习：做例题 1 和例题 2。

内容 2：牛顿第一定律

1. 师生互动讨论：牛顿第一定律。
2. 明确惯性、惯性参考系的概念，并举例说明。
3. 明确力的含义，并解释力和运动的关系。
4. 巩固练习：做例题 3 和例题 4。

内容 3：惯性与质量

1. 师生互动讨论：惯性有大小吗？
2. 惯性知识点小结。
3. 巩固练习：做例题 5 和例题 6。

从上述案例中可以看到清晰的教学流程。

在新课的引入部分，教师让学生利用 8 分钟时间自学，了解“牛顿第一定律”和惯性的早期研究。接着利用填空题测评学生对这些知识的识记情况。

本节课的教学重点和难点是通过伽利略的理想斜面实验，理解“牛顿第一定律”和惯性的内容及意义。因此，在新课的展开部分，师生花了 32 分钟，对“牛顿第一定律”和惯性两个知识点反复夯实。同时，还包含 1 次学生探究实验、3 次师生互动讨论。教师利用不同的教学方式，不断增强学生对新知识点的理解。

最后，教师利用 5 分钟进行课堂小结，带领学生回顾和总结本节课所学知识，还通过随堂练习检测学生的掌握情况；然后布置作业，引导学生在课下进一步巩固新课所学内容。

课时教学易于堂堂清、节节清

课时教学以一节课作为教学单位，在进行教学设计时，教师针对一节课的时长，制定教学目标，确定教学内容。在教学实施时，从新课的引入到具体内容的展开，再到最后的课堂小结和反馈，都在 45 分钟内完成，并确保学生掌握所学内容，做到“堂堂清”。

在“牛顿第一定律”这一案例中，教师为了实现本节课的教学目标，设计了很多活动，从初始自学到动手实验、师生交流、例题分析，以及总结反馈，教师对每个环节的掌控精确到了分钟。因此，只要教师按照既定的规划进行，通常就能完成教学任务，做到“节节清”。

课时教学难以形成学科大概念

课时教学虽然有教学环节完善、落实知识点高效等优势，但由于教学时间较短，教师在确定教学目标时更多指向知识和技能领域，更多地将学生当作认知体来看待，对作为一个完整人应具有的综合能力和素养培育不够。学生获得更多的是知识与技能，相对缺乏对世界的完整认识和体验，难以形成学科大概念。

学科大概念的建构需要较长时间

在新的课程标准中，各个学科都提出了学科核心素养，以指导课堂教学从以知识为本转向以素养为本。新课标要求教师不能机械地讲解脱离生活的抽象理论，不能简单传授琐碎的知识点，而是要选择重要的学科大概念，用恰当、生动的方式，通过深入的探究学习、合作学习，帮助学生完整地认识和把握世界。

这些学科大概念可以帮助学生从本质上理解生活中的一些事件和现象。它们既是学科思想方法，也是思维方式，可以让学生站在更高的位置看待问题，从更宏观的视角分析问题，从而更好地解决问题。比如，物理学科的“原子模型”、化学学科的“元素周期律”、地理学科的“板块构造模型”、生物学科的“进化理论”等，都是学科大概念。

学科大概念与具体的知识点不同，它们比较抽象、比较概括，不像具体知识点那么容易学习。这决定了学习学科大概念需要较长时间，需要学生不断体验，持续思考，长久理解。而课时教学以一节课为闭环，不利于学生对学科大概念的建构与理解。

首先，课时教学所制定的教学目标更多定位于知识和技能目标，过程与方法目标更多体现为教师的教学过程和教学方法，而情感态度与价值观目标，如果没有与具体的学习任务相结合，落实的效果往往不佳。学科大概念具有抽象性和综合性，这决定了学习它的过程需要学生的深度体验，需要通过真实的问题解决、综合性的学习任务才能更好地完成学科大概念的建构和理解。

其次，课时教学所确定的学习内容往往比较具体，一般都是两到四个知识点，教师通过层层推进帮助学生识别、对比、区分这些知识点，并进行简单运用。每节课最后，教师通常进行反馈检测，以考查学生的掌握情况。

学科大概念不是一个具体的知识点，它的呈现方式可能很简单，可能就是一句话、一个词语，但内涵和外延却非常丰富。它是由许多具体知识凝练成的、更上位的概念。这就决定了它的建构过程需要比较长的时间，很难在一节课内完成。

例如，“牛顿第一定律”案例中的惯性是物理学一个重要的学科大概念。什么是惯性呢？虽然生活中有很多关于惯性的例子，但学生却不容易理解这一十分抽象的内容，因为生活中关于惯性的例子，往往混合了“力”这一因素，并不是单纯的惯性。因此，学生要理解什么是惯性，仅靠对“牛顿第一定律”一节课的学习，是很难做到的，学生还需要继续学习，不断加强对牛顿定律的运用、对影响惯性大小因素的分析，开展对“力和运动的关系”的探究等，才可能真正理解惯性，并能对惯性现象做出合理解释。

学科大概念的理解需要深入、持久

课时教学“节节清”的特点，不能为学科大概念的建构提供时间保证，而且一节课也很难承载形成学科大概念所必需的“深入、持久”的理解和探究。

深入探究，意味着学生要通过亲自参加探究来发展自己的理解。在这个过程中，学生可能会提出假设，然后收集和运用数据来检验自己的想法，并找到彼此之间的逻辑关系，做出解释。数据和证据可以是直接动手做实验获得的，也可以是运用第二手资料获得的。这都需要学生在一个更大的时间尺度上来规划和展开自己的学习。

例如，如何深入理解“惯性”这个学科大概念，除了学习时间上的保证外，如何学习、怎样学习也很重要。教师很难将学科大概念讲给学生。学生只有通过观察和实验，不断思考，持续理解，才能真正建构对惯性的理解，并加以运用。

在课时教学中，仅依赖“斜面阻力对小车运动的影响”这样一个实验，学生的体验有限，还不足以让学生全面深入地理解惯性，还需要设计更深入的体验和探究。例如，“小球的惯性实验”“惯性现象的课题研究”，以及生活中真实问题的讨论。例如，跳高运动员的助跑、车辆超速与惯性的关系等。只有通过多种方式的观察、思考、实验、探究，学生对惯性才会有不断深入的理解。这些探究活动和课题研究，课时教学不容易组织。

总之，在课堂上落实核心素养，教学内容要聚焦学科大概念。而学科大概念的建构与理解需要较长时间，课时教学在这方面显得力不从心。

第二节 单元学习是落实核心素养的有效路径

崔允漷教授说，一个学科的核心素养就像一栋大楼，我们原来都是按照知识点教学的，一扇门教一下，一扇窗教一下，水泥教一下，钢筋教一下，这样的教跟整栋大楼难以建立关联。而单元就是一间房子，既有窗又有门，将门、窗、水泥、钢筋等结构化，就变成一个单元。当我们设计一个单元的时候，更容易看到价值观念，这就是指向核心素养的课程发展给我们带来的一个变化。

核心素养的落实需要较大的主题或项目

落实核心素养的教学，不是把教学内容碎片化地当作知识点来处理，而是将知识结构化，有机地组织在一起，通过比较大的主题或者项目，以解决问题的任务来驱动。引导学生在参与问题解决的实践中，提升能力，发展素养。

较大的主题或项目，容易让人见到整体，形成观念

课时教学的整体感不强，很难为学生提供充分探究和实践的时间，比较复杂的、综合性强的问题在一节课上不容易完成，学习有碎片化倾向，在帮助学生形成学科大概念、学科思想方法上不占优势，在提升学生综合能力和学科素养上表现不足。

以单元进行教学设计，以问题解决为中心，通过较大的主题或者项目展开学习，能给学生更充分的体验和探究的时间，能让学生在比

较长的时间内，不断思考、反复实践、合作分享，从而形成学科的思想方法、大概念、大观念以及价值观。

例如，过去语文课常常进行单篇教学。课堂上师生学习字词语句，分析段落大意、中心思想，努力开掘每篇文本的识字、阅读、写作等方面的功能，将文本当作学习、模仿的对象。此时的教学目标好像就是解读文章。这样的教学，学生在哪里呢？学生的语言实践能力如何提升呢？语文学科的“语言建构与运用”“思维发展与提升”的核心素养又将如何落实呢？

新的语文课程标准，以学科核心素养为纲，以学生的语文实践为主线，设计了18个“语文学习任务群”。

1. 整本书阅读与研讨
2. 当代文化参与
3. 跨媒介阅读与交流
4. 语言积累、梳理与探究
5. 文学阅读与写作
6. 思辨性阅读与表达
7. 实用性阅读与交流
8. 中华传统文化经典研习
9. 中国革命传统作品研习
10. 中国现当代作家作品研习
11. 外国作家作品研习
12. 科学与文化论著研习
13. 汉字汉语专题研讨
14. 中华传统文化专题研讨
15. 中国革命传统作品专题研讨
16. 中国现当代作家作品专题研讨
17. 跨文化专题研讨

18. 学术论著专题研讨

“语文学习任务群”以任务为导向，以学习项目为载体，整合了学习情境、学习内容、学习方法和学习资源，引导学生在运用语言的过程中形成价值观，提升语文素养。

例如，学习任务群1是“整本书阅读与研讨”。这样的内容设计就引导教师跳出单篇教学的局限，进行更宏观的整体学习。同时，通过引导学生阅读整本书，拓展学生的阅读视野，提升阅读鉴赏能力，促进学生对中华优秀传统文化、社会主义先进文化的深入学习和思考，利于形成正确的世界观、人生观和价值观。

再如，学习任务群2是“当代文化参与”。它的目标是引导学生关注和参与当代文化生活，学习剖析、评价文化现象，积极参与先进文化的传播和交流，增强文化自信。

较大的主题或项目，有利于学生深度学习的开展

在传统课堂上，教师讲课，学生听课；教师写板书，学生记笔记。今天，“学会学习”已经成为中国学生发展核心素养的重要内容之一，我们应该反思：仅仅是听课、做笔记这样的学习，能否帮助学生真正学会学习？在这样的学习过程中，是否可以不断发展核心素养？

“学会学习”不仅是学会具体的知识，学会某种技能，不仅是运用注意力、记忆力和思维力，而是一个集认知、元认知、动机、策略、情感于一体的综合素养，它对一个人的学习力、实践力、创造力有更高要求。这样的综合素养单纯依靠教师教、依靠单向的输入、依靠单一的学习过程很难培育。

当学生进行较大的主题或项目学习时，就可能不断地与问题情境互动，在已知经验和新问题之间不断地创设意义。此时学生会不断反思，调动所学知识，调动多方面的能力，启动多个系统，开展较深入的学习过程，从而学会学习，发展核心素养。

1. 较大的主题或项目，可以激发学习兴趣，使学生的学习深入展开

主题式项目学习，常常从学生的生活实际出发，目标设计又具有一定的挑战性，会让学生觉得学习既刺激又有趣。例如，语文学科在初一整本书阅读《西游记》单元，设计了这样一个任务：请学生阅读《西游记》，选择一个自己最喜欢的故事，用自己的话详略得当地讲给大家听。然后，经过年级组织的“8 分钟故事比赛”，角逐出若干位“故事大王”到学校附近的小学或者自己小学的母校进行故事宣讲。（此案例由北京市十一学校何其书团队提供）

这个学习任务对初一学生来说并不简单，涉及阅读、写作、表达等多方面能力，具有一定的综合性和挑战性，但任务一公布，学生的欢笑声、惊呼声不绝于耳，个个兴奋异常，跃跃欲试。

首先，能回自己的母校本身就令人向往。其次，还能当一回学长，向比自己小的校友讲故事，自豪感油然而生。最后，所讲的故事可以是自己改编的，创造力、想象力可以得到发挥，那就更有意思了。

当然，不排除有的学生不善于编故事，不善于讲故事，可能会有畏难情绪，但《西游记》是学生熟悉的，讲哪个故事可以自主选择，还可以结成小组，集体讲故事，一下子让这个有挑战性的任务降低了难度，使不同层级的学生都可以上手。另外，评比选出“故事大王”这种带有比赛性质的游戏化设计，对初一学生来说，很刺激，争强好胜的心理会激励他们更好地完成学习任务。

2. 较大的主题或项目，可以让人“看到”深入的学习过程

单元学习通常聚焦一个核心问题，围绕一个主题或者项目展开，每个单元都要持续一段时间，因此，学习规划变得特别重要。单元学习开始，学生要根据学习目标和具体任务，并结合单元评价，制定个人和小组学习规划，然后按照规划展开学习。此时，教师更容易看到学生的学习过程。

首先，更容易发现学习过程中的问题。在单元学习过程中，学生按照各自的计划在阅读、在实验、在研讨、在合作，于是，教师就有了更

多时间进行课堂观察。通过现场观察和对话交流，教师可以及时发现学生学习过程中的问题，及时指导，及时提出建议，给予学生个别化的帮助，因而学生的问题就能够得到及时解决，从而不断深入学习。

其次，更利于通过过程性评估帮助学生学习。较大的主题或项目涉及的内容较多，学习会持续一段时间，这有利于教师通过过程性评估引领学生深入学习。

例如，上述整本书阅读《西游记》单元这一案例，一个讲故事的任务，就涉及阅读、写作、表达，还有合作、分享等多方面内容。如何帮助学生顺利完成学习任务呢？根据学习过程的关键节点，根据学生学习过程可能会遇到的问题，设计多样化的过程性评估方案。例如，设计学生的自我评估、小组之间的评估、年级层面的评估，以及听故事的小学生给的评估等，帮助学生不断反思，将学习引向深入。

核心素养的落实需要真实的问题情境

课程标准提供的种种建议表明，学生的“核心素养”不是直接由教师教出来的，而是在问题情境中借助问题解决的实践培育起来的。也就是说，在课堂教学中，教师引导学生发现问题、提出问题、分析问题、解决问题，这是培养学生核心素养的重要途径。

真实问题是培育核心素养的摇篮

在教学实践中，教师常有这样的体会，一节课有一两个好问题，这节课就上活了，学生的参与度高，推进起来也特别顺利。因此，在备课过程中，教师往往特别重视问题的设计。在导入环节，教师一般都通过有启发性的问题导入新课，然后展开具体教学。在教学过程中，很多时候教师还会设计一串问题，由浅入深，环环相扣，通过“问题串”推进课堂教学。

请看下面的案例。

【案例　针对“大气的运动”内容，教师设计的问题】

导入新课的问题：将点燃的蜡烛放在教室门口，火苗会如何？

教学过程中的“问题串”：

1. 大气的运动形式有哪些？
2. 什么原因导致了大气的运动？
3. 形成热力环流的条件是什么？
4. 大气在水平运动中所受的力有哪些？
5. 我们可以通过哪些方法来改变风向？
6. 大气运动对人类生活的影响有哪些？
7. 人类活动对大气运动的影响有哪些？

以上问题聚焦了教学内容，“问题串”也考虑了前后问题的衔接与逻辑关系。通过这些问题，能实现什么目标呢？可以帮助学生学习大气运动、热力环流等知识，也可以促进学生对大气运动与人类活动相互影响的思考。但是，还不足以培养学生的“综合思维”与“地理实践力”，也不能帮助学生建构“人地协调观”“区域认知”等学科观念。

落实核心素养的课堂强调问题情境的真实性。

首先，教学内容与真实问题的关联性越强，越让学生有身临其境的感受，就越能激发学生，越能调动学生，越能让学生积极主动地参与到解决实际问题的过程中，从而促进核心素养的养成。其次，问题越真实，越具有挑战性，就越能促进学生对这些真实问题的思考和探究，越能将学生的学习引向深入。

过去，我们评价一堂课问题设计得怎么样，往往看导入环节是不是设计得巧妙、生动，是不是能够引起学生的兴趣；教学过程中设计的问题，是否设计得承前启后，利于知识点之间的衔接。

在落实核心素养的课堂上，对问题创设的评估，不能孤立地关注某些环节，而应从整体上思考，更看重所创设的问题情境、所解决的问题，是否能承载落实核心素养的目标，是否能激发学生持久的思考和探究，是否能持续地提高学生的学习力。因此，在创设问题时需做以下调整。

1. 将作为“导入环节”的问题情境，转变为“贯穿整个学习单元”的问题情境

仅为引入新课设计问题，常常重在激趣，引起学生的关注。落实核心素养的目标决定了所设计的问题，不仅是课堂引入的问题，而且是贯穿整个单元要解决的问题，它常常是真实的现实问题，解决这个问题就是本单元的学习任务。问题情境应从重在设疑转变为实际问题的解决，转变为比较综合的学习任务；应将“是什么”“为什么”的问题，更多转变为“如何解决”“怎样做”的问题。

例如，针对上述“大气的运动”内容，设计“将点燃的蜡烛放在教室门口，火苗会如何”这样的问题，可以作为新课的引入。如果将问题解决作为整个学习的中心，还需要找到与生产、生活结合更紧密的问题，找到学生更熟悉的，但是还不能有理有据地阐述理由、提供方法的问题。例如，提供一个新兴城镇，请学生利用“大气运动”的知识设计：其中的工业区应该如何布局？绿化带又该如何设计？什么位置最佳？例如，针对大气运动对气候的影响，结合语文内容，解读为什么“巴山”多“夜雨”，为什么都是“春雷惊梦”而不是“夏雷惊梦”等。

2. 将学习过程中的“引导性问题”，转变为更加开放的“持久思考性问题”

在问题设计中，教师往往关注解惑类问题，通过设计“问题串”，推进对新内容的学习。常常一节课下来，教师满堂问，学生相对被动应对。这样的问题设计，通常有标准答案且答案唯一，不足以激发学生持之以恒地探究和思考，学生的学习潜力难以充分发挥。

按照课程标准的要求，培养学生的创新精神、批判性思维，仅有释疑解惑的问题还不够，还应设计“激疑”“促思”的问题。通过这类问题，激发学生更多思考，产生疑问，提出新问题，然后尝试解决。这样的问

题往往更具开放性，甚至没有标准答案，但能激发学生的探索意识，引发高阶思考，刺激思维生长。

请看下面的案例。

【案例 不同学科提出的需要持久思考和理解的问题】

1. 语文学科：为什么伟大的故事能跨越国界，超越时代？
2. 物理学科：是什么使物体在以自己的方式移动？
3. 政治学科：人的正确认识从哪里来？
4. 历史学科：如何判定革命已经成功？

真实问题的解决，有利于学生综合能力的提升

学习始于思考，思考源于疑问。在进行课时教学时，教师常常会提出一些探究性问题引导学生思考，讨论交流。但是在一节课的时间内，教师设计的探究活动一般都比较简单，否则无法完成。另外，长期的应试思维使人们设计的问题常常经过了精心编排，早已模式化，距离真实的生活较远。通过这样的探究活动，学生对生活中真实问题的理解并不深，解决问题的能力还不够强。

落实核心素养的课堂特别强调问题情境的创设，从比较简单的问题情境到特定的问题情境，再到真实的问题情境。随着问题情境不断变得真实，问题的复杂程度不断增强，解决问题所需要的知识、能力也变得更加综合。

真实的问题，往往没有现成的模型，也不能直接套用公式，很难靠一章一节的知识加以解决，这样的问题能够激发学生探究的热情，促进小组的深入合作。真实的问题，通常没有现成的答案，解决这样的问题需要一定的分析和综合能力，需要不断探索和创造。

例如，高中化学“简单的有机化合物及其应用”这部分内容，以前往往是先学习“有机物的结构特点”，然后再学习几种“典型有机物的性

质”，进而总结“有机化学的价值”。

如果分章节，课时教学往往通过一些引导性问题，学生循序渐进、从局部到整体地学习，知识技能也会不断积累和提高。但这距离真实生活较远，距离落实学科素养的要求还显不够。

按照落实核心素养的要求，教师将内容进行了整合，从布卢姆教育目标分类法的“高级认知”入手（见图 2–1），提供了一个相对真实的问题，设计了一个比较复杂、具有一定挑战性的学习任务——“设计合成抗癌药物格列卫的路线图”，借此实现用高级认知整合低级认知，以高阶任务驱动初阶任务，从而提升学生的综合能力。

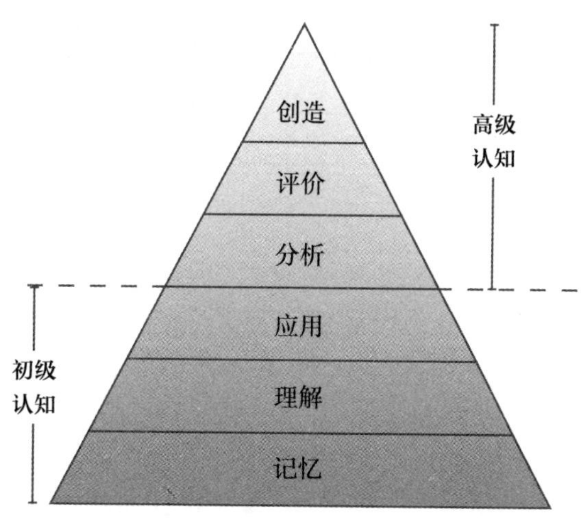

图 2–1　布卢姆教育目标分类法示意图

该任务的情境背景如下。

情境背景

1. 电影《我不是药神》中格列宁的原型，就是治疗慢性白血病的靶向药——格列卫。格列卫的成分是一种有机大分子，它是如何合成的呢？

2. 为什么格列卫可以作为治疗慢性白血病的靶向药物？

3. 为什么该药物，瑞士诺华公司要卖 40000 元一盒，而印度只卖

500 元一盒，药效还几乎一样好？

这样的内容课标中没有，具体任务也有些“超纲”，但课程标准对学生学习这门课程后的总目标有以下描述（见表 2–1）。

表 2–1　化学学科核心素养与素养解析

序号	化学学科核心素养	素养解析
素养 1	宏观辨识与微观探析	形成化学科学的思想和方法
素养 2	变化观念与平衡思想	
素养 3	证据推理与模型认知	
素养 4	科学探究与创新意识	从实践层面激励学生勇于创新
素养 5	科学态度与社会责任	揭示化学学习更高层次的价值追求

根据课程标准的要求，此时再来看“设计合成抗癌药物格列卫的路线图”的学习任务，是否觉得这样的问题、这样的学习任务，在落实核心素养上更有优势？更能综合体现化学学习在落实核心素养中所发挥的重要作用？

学生在完成这个任务的过程中，要阅读教材、查阅文献、提出假设、实验探究、搜集各种资料。学生在解决这个问题的过程中，会遇到很多困难和问题。例如，从哪里入手？学习规划如何制定？根据哪些线索提出假设？实验如何设计？如何有效搜索文献？小组如何分工？

学生解决这些问题的过程，不仅涉及大量的、对学生来说还比较陌生的有机化学知识，还会涉及生物学知识、经济学知识、法学知识。这对学生的学习力有一定挑战，但是，学生也正是在这样的学习过程中，在对真实问题的解决过程中，经过一段时间试错、探索、领悟、合作、分享、实验、反思，逐渐学会了学习，提升了综合能力。

因此，以解决问题为中心，通过较大的主题或者项目进行单元学习，实际上是为学生打开了一条学习链。在这个过程中，教师需要思考的已经不仅仅是自己怎样讲好知识，怎样将探究活动组织好，应该更多思考的是学生学习的意义和价值、学习过程的规律，做得更多的是如何帮助学生规划、设计、调试，如何为学生的学习提供有效的支持和帮助。

第三节 单元重构的第一粒组扣是单元目标

当发展学生核心素养成为课程实施的基本宗旨，当运用知识解决问题成为教学的重要目标时，“单元重构”的目的就是为了更好地落实核心素养，为了在真实的问题情境中给学生更充分体验和探究的机会，从而实现以解决问题为中心的学习。

所以，重构的学习单元不是一般意义的复习单元，更不是普通的知识整合单元，而是以落实核心素养为目标，在细化课程标准的基础上，系统分析课程内容所承载的价值，根据学生实际情况，整体设计以问题解决为中心，实现学生学习的“学习单元”。

目标没有重构，单元就无法重构

一个完整的单元设计包括单元目标、单元内容、单元实施和单元评估等。重构一个单元也必然涉及单元目标的重构、单元内容的重整、单元实施的创新，以及单元评估的改进。在所有改变中，单元目标是关键，是核心。只有单元目标重构了，单元内容才会依据新的目标进行重组，单元评估才会依据新的目标进行调整。单元目标没有重构，没有新的立意、新的定位，其他内容也就很难有大的改变和调整。

定位于知识点的教学目标，没有必要重构单元

知识点相对学科概念来说，比较小，比较具体，通过课时教学，教师完全可以讲清楚，学生也可以理解和掌握，因此没有必要进行单元重

构。即使进行了单元教学，如果教学目标没有重构，没有设置必须通过单元教学才能实现的目标，没有设计必须通过单元教学才能完成的任务，那么，此时的单元教学与课时教学也没有本质区别。

例如，有教师按照教材的编写体例，将有关一元二次方程的内容看作一个整体，形成了“一元二次方程”单元。在实施的过程中，第一课时学习一元二次方程的概念，第二课时学习一元二次方程配方法，第三课时学习一元二次方程公式法，第四课时学习一元二次方程因式分解法，第五课时进行复习和小结，形成关于一元二次方程的内容系列。

例如，有教师将“自然地理的整体性和差异性”整合为一个单元，然后用两课时学习自然地理的整体性，再用两课时学习自然地理的差异性，最后做总结，说明自然地理既有整体性又有差异性。

分析上述单元的实施过程就会发现，这些单元还不是立足核心素养的重构单元。

1. 单元目标没有重构

此时的单元目标，主要定位于学科知识的学习和掌握，停留在习题的解法上，还没有上升到运用知识解决问题的层次，没有上升到“模型建构”“形成学科观念”等学科素养的层面。此时的单元目标通过课时教学都能实现，没有课时教学实现不了、必须依赖单元教学才能实现的目标。

2. 单元内容没有整合

由于没有新的单元目标，此时的单元内容依旧是教材的简单汇总，没有围绕新的单元目标进行教学内容整合与重组，没有新资源的融入，没有比较复杂和挑战性的任务，内容还是学科知识体系的构建。

3. 单元实施没有突破课时的边界

即使面对“自然地理的整体性和差异性”这样比较综合的内容，教学实施时依旧割裂开来，按照课时划分，先学习整体性，再学习差异性。这样点状突破，由点连线，由线再结面的教学策略，有利于知识点的落实，不利于建构比较复杂和综合的观念，不是立足真实情境解决真实问题的教学策略。

这说明，只有当教学目标从知识导向转变为素养导向，从知识的识记、理解走向知识的运用、走向运用知识解决问题时，才有必要重构以解决问题为中心的、有利于学生更充分体验、探究的单元学习。

重构的单元目标，要实现三维目标的整合

2003 年版的课程标准，从“以人为本”的理念出发，将教学目标从基础知识和基本技能的“双基目标”，提升为知识与技能、过程与方法、情感态度与价值观的“三维目标”，目的是引导教师从人的发展出发，全面关注学生，通过三个维度思考教学目标，实现课程育人。

但在具体实施过程中，常常出现将三维目标割裂，使其成为三个独立目标的情况，其结果常常是侧重知识与技能目标的落实；过程与方法目标常常游离于知识、技能之外，出现了为活动而活动的情况；情感态度与价值观目标更是脱离了教学实际，变得空洞、虚化。

在落实核心素养的课堂上，重构的单元目标要克服三维目标在落实中的误区，立足学生的发展和成长，聚焦学科核心素养，实现三维目标的融合。在具体操作过程中，要注意以下两个问题。

1. 澄清在三维目标认识上的偏差

首先，对知识与技能目标，有的教师过度关注学科知识，围绕教材内容教学，不敢越雷池一步，没有重视在信息化背景下广阔的学习空间和学习资源。另外，教师一般比较关注读、写、算这些基本技能，目标中较少涉及想象、推理、创造等智力技能，对帮助学生如何规划、如何自我反思、如何进行自我认知的知识和技能，更是关注不够。

其次，对过程与方法目标，有的教师片面将其理解为教学过程和教学方法，在优化如何教、怎样讲上不断探索，不断创新，还没有转变视角，更多地思考学生如何学、怎样帮助学生有效地学。长期的应试观念、单一的评价体系，导致教师没有理解此时的“过程与方法”维度是学生的“学习过程”和“学习方法”。教师不应仅仅将现成的结论告诉学生，

而要关注学生的学习过程，关注知识的产生过程、发展过程，引导学生在对知识产生过程的探究实践中，掌握学科的思维方法、研究方法，并形成自己的学习方法。

最后，对情感态度与价值观目标，有的教师仅仅将其理解为学生的情绪和学习态度，这显然也不够。情感目标不仅有情绪层面，还应该有兴趣、动机和求知欲等其他层面；态度目标也不仅有认真、刻苦的学习态度，还有对生活的热爱、乐观态度，做学问的科学、严谨态度等。教师应当在更广的范围内思考情感态度与价值观目标，并将其充分融合在学生的学习过程中。

2. 聚焦学科核心素养，整合三维目标

在 2017 年版的课程标准中，每个学科都凝练出了学科核心素养，为课程的实施指明了方向。此时，聚焦学科核心素养，实现三维目标统一就有了可能。

首先，落实核心素养的教学目标是促进学生发展的教学目标，不仅与三维目标以人为本的理念高度统一，而且体现了学科独特的育人价值，对教学的指导作用更强。核心素养把三维目标中的知识与技能、过程与方法提炼为能力；把情感态度与价值观提炼为品格与价值观，强调学科的关键能力、必备品格和价值观。这样的课程目标，会引导教师走出单纯关注知识的误区，更加关注学生的综合品质，关注学生的全面发展。

其次，落实核心素养的教学目标倡导在体验、探究中学习，在解决问题中学习，强调整合知识点，构建学科大概念。不论是真实情境中的问题解决，还是学科概念的建构，都需要学生通过思考分析、判断推理、查阅资料、实验探究、假设验证才能习得，才能将问题解决。这样，教学过程就从教师教的过程走向了学生学的过程。学生在学习的过程中，在解决问题的过程中，实现知识与技能、过程与方法、情感态度与价值观的统一。

最后，落实核心素养的目标不仅是课程目标、教学目标，也是诊断评估的目标。在学生未来的学业水平考试中，根据学科核心素养研发的

"学业质量标准"是命题的依据，学生在解决问题时所表现出的对学科内容的理解和迁移能力将是考查、评估的重要方面。这样的评估导向，也将进一步促进三维目标的融合。

重构的单元目标应立足于迁移应用和持久理解

重构单元的目的是为了更好地落实核心素养，在制定具体目标时，有两个目标不容忽视：一个是运用所学内容解决问题的迁移应用目标；另一个是通过基础性的知识技能进行意义建构的目标，即对学科大概念与核心问题持久理解的目标。这两个维度既可以成为重构单元的切入点，也是制定单元目标的立足点。只有将这两个目标想清楚，重构的单元才有意义，才可能成为落实核心素养的学习单元。

知识的迁移应用体现了学科价值

有一位数学教师曾讲过自己学习数学的一段经历。上初中时，他很喜欢数学，喜欢计算，家里买个菜呀，添置了新家具呀，他都喜欢跟家人一起算算账。得到家人的称赞，他更加热爱数学了。一次，教师在讲函数时，他向老师提了一个问题："老师，学习函数有什么用呢？我平时生活跟函数没有什么关系呀？"结果被老师批评了一顿，并告诉他"你不用管有什么用，会做题就行了"。

这位教师从他的数学老师那里没有得到明确的答案，但这个问题却一直压在他心里。后来他也做了数学老师，他要求自己一定要让学生明白学习数学有什么用。因此，上课时，他都不单纯讲数学题，而是将数学与生活联系起来。他带领学生研究《红楼梦》中的概率问题，研究一年四季寒暑易节的函数关系，研究银行利率与投资。学生在用数学中钻研数学，也更加热爱数学。

教师在设计单元目标时，可经常反思下列问题，借助它们反思重构单元的意义和价值。

1. 学生学习这部分内容，有什么用途？

2. 学生学习这些内容，能解决什么问题？

3. 学生学习这些内容的真正价值是什么？

例如，高中化学“硫元素及其化合物”单元涉及的内容很多，包括从硫元素到含硫的各种化合物，以及它们各自的性质、彼此之间的相互转化。但掌握这些内容还不是本单元最重要的目标。

教师将本单元的知识体系梳理清楚后，进一步思考学习这些内容能解决哪些实际问题、有什么具体用途，最终为本单元确立了两个知识应用点：一个是近迁移，即建立“学习元素化合物的认知模型”，利用此模型既可以理解、预测含硫物质的性质和用途，还可以将模型迁移应用到对陌生元素的学习中；另一个是远迁移，即运用本单元所学知识解释、解决现实生活中关于硫化物、酸雨等环境污染问题以及食品安全问题。（此案例由北京市十一学校于秋红团队提供）

在落实这两个迁移应用目标的过程中，学生可以感受到：今天所学的内容、建立的模型，能够帮助他们以后学习新内容；本单元涉及的实际问题使他们对食品安全和环境保护有了新的认识和理解，学到了解决问题的新思路和方法，认识到所学内容的意义和价值。

持久的理解有利于形成学科思想

学科思想反映了学科知识的本质，反映了学科思维特点和学科的学习规律。这些学科思想是学科的灵魂，是一个学科独特的育人价值。可以说，掌握学科知识是学好一门课程的基础，而理解学科大概念，领悟学科思想和方法，是学好这门课程的关键。

毕业后，学生所学的知识与所做的习题，往往很快就会淡忘，真正伴随一生的是凝聚着学科大概念以及学科思想方法的素养。因此，重构的单元目标应立足持久理解的意义建构，以促进学科大概念、学科思想和方法的形成。

例如，在上述“硫元素及其化合物”单元，教师在梳理知识内容的基础上，不仅确立了运用知识解决问题的迁移应用目标，还不断概括和提升，设置了本单元的意义建构目标，即持久理解“结构决定功能，功能决定用途”的学科大概念，领悟“建立认知模型”的方法对解释化学现象、揭示事物本质和规律的重要作用。

教师在教学过程中，以学科思想方法为主线，以问题解决贯穿全过程，改变了过去“部分 + 部分 = 整体”的知识组织形式，代之以“整体 — 部分 — 整体”的知识建构方式。

首先，帮助学生整体感知单元内容，以其中所蕴含的学科大概念、学科思想方法为核心，归纳、概括单元的知识结构。然后，在此基础上，以学科大概念和思想方法为主线，讨论本单元各个部分的细节性内容。最后，引导学生从整体上领会本单元的学科大概念和思想方法，并运用这些概念和方法解决本单元的实际问题，从而实现本单元的迁移应用目标，并达成对学科大概念和思想方法的意义建构。

总之，单元重构的第一粒纽扣是单元目标。目标没有重构，单元也不必重构。重构的单元目标，应立足于迁移应用和持久理解，实现三维目标的整合。如果单元目标还没有在这些维度上找到落脚点，那就表明此单元还需要进一步重构。

第三章
从知识点到学科大概念

什么是学科大概念？它有什么特征？为什么教学重点要转向学科大概念？

从“知识点”到“大概念”，是在课堂上落实核心素养的必然要求，也是教学中师生都要做出改变的地方。

【在课堂上】

- 教学重点不是罗列知识点而是建构概念。
- 根据不同层级的概念建构学科知识体系。
- 提供多种体验来促进概念的建构和理解。

第一节 跳出知识点，聚焦学科大概念

中学六年，我们到底教给了学生什么？学生离开学校时，我们希望学生能留下些什么？

定位于知识点的教学，会导致只见树木，难见森林

知识通常可分为陈述性知识、程序性知识和策略性知识。陈述性知识是关于“是什么”的知识，包括事实性知识、概念性知识和原理性知识；程序性知识是关于“为什么”和“怎么做”的知识，包括方法性知识、过程性知识和操作性知识；策略性知识是关于“怎样思维和认知”的知识，是关于元认知的知识。

反思日常教学，我们对上述三类知识并不是同等关注的，很多时候，比较重视陈述性知识，偏重知识的符号性特征；对程序性知识的挖掘不够深入，处理层次较浅；对策略性知识常常比较忽略，对学生是如何学习的、如何帮助学生学习的知识重视不够。

教学中比较重视的陈述性知识，也存在误区：常常偏重事实性知识，偏重一个一个细碎的知识点，缺乏对学科核心概念、基本原理的整体架构。即使是对概念性知识的处理，也存在偏重知识结论、忽略形成过程的现象。

定位于知识点的教学，容易忽略知识之间的普遍联系

相对学科概念，知识点是比较琐碎、零散的。教学中如果没有将彼

此间建立联系，没有找到彼此间的内在逻辑，这些知识点就会彼此孤立。学生学习一个知识点后，很难以纲带目，以点带面，形成系统化的知识网络。

请看下面的案例。

【案例 高中生物“细胞的结构”教学目标设计】

教材结构	教学目标
1. 细胞膜	1. 概述细胞膜的结构与功能
2. 细胞器	2. 列举细胞器的结构与功能
3. 细胞核	3. 阐明细胞核的结构与功能

上述教学目标，显然没有从细胞的整体性出发，没有建立细胞膜、细胞器、细胞核之间的联系，完全依据教材体系，陷入具体的知识点教学。

为什么会这样呢?

一是因为教师机械使用教材。教材是依据国家课程标准编写的，是学生重要的学习资源，但教师“要用教材教，而非教教材”。如果教学定位于一个个具体的知识点，就很难跳出“教教材”的局面。

教材不是按照解决问题的视角编写的，甚至不是按照主题和单元展开的，很多都是以课时作为节点进行编写的。如果希望学生能够灵活地运用知识去解决问题，能够学以致用，就应该将教材作为教学资源，创造性使用，而不能完全按照教材的知识体系设计教学。

另一方面，教师之所以这样制定教学目标，也可能是出于对课程标准的狭隘理解，将“基础知识”狭隘地理解为重要的知识，然后将其作为教学的全部内容，忽视了“基础知识”背后的“基本技能”“基本方法”和“基本思想”。

这样做的结果是什么呢?

学生今天学习细胞膜的结构，不知道它与细胞器的关系，不清楚它与细胞核的关系；明天学习细胞核，又忘了它与细胞膜的关联；当学习具体生命活动时，已经很难与所学的结构联系起来。

实际上，细胞膜、细胞器、细胞核在结构上有联系，在功能上也紧密关联，它们共同组成生命系统。也就是说，细胞作为一个生命系统，各个部分是密切联系的，彼此是分工协作，共同完成生命活动的。将细胞分散开，一个小结构一个小结构地学习，很难帮助学生形成“普遍联系”的思想、“系统性”的思想，容易导致学生孤立地认识事物，片面地看待世界。

定位于知识点的教学，容易忽略知识之间的内在逻辑

知识点之间不仅有普遍联系，还可以通过关键节点形成内在逻辑，从而形成结构化的知识体系。定位于知识点的教学，容易忽略知识之间的内在逻辑，使师生一叶障目，看不到学科的本质与核心。

在日常教学中，经常有这样的情况：一个知识点在考卷中出现了，教师就将这个知识点作为教学重点；另一个知识点在考卷中多次出现，这个知识点就会被深挖，拓宽加深。教师会将在这个知识点上曾经考过的题目融入课堂，力图穷尽关于这个知识点的所有考法。岂不知，题在书外，理在书中，授之以鱼，不如授之以渔。

在上述“细胞结构”案例中，有教师曾就其中细胞器的知识，从五个方面设计填空题，想方设法让学生记住各种考法。

【案例　针对“细胞器”内容，教师为学生设计的填空题】

1. 从动植物细胞区别的角度：植物细胞特有的细胞器是________；动物细胞和低等植物细胞所特有的细胞器是________；在动植物细胞中功能不同的细胞器是________。

2. 从是否具有膜结构的角度：含有双层膜的细胞器是________；无膜结构的细胞器是________；含有单层膜的细胞器是________。

3. 从是否含有特殊物质的角度：含有色素的细胞器是________；含有 DNA 的细胞器是________；含有 RNA 的细胞器是________。

4. 从参与物质合成的角度：能合成多糖的细胞器是________；能合成蛋白质的细胞器是________；能合成脂类物质的细胞器是________。

5. 从参与能量代谢的角度：心肌细胞中含有较多的细胞器是________；与能量转换相关的细胞器是________。

这样的习题设计，这样的学习导向，只会帮助学生记住一些知识，记住一些事实性的东西。学生难以理解细胞为什么会形成这么多种细胞器，为什么细胞器在这么多方面存在不同。

细胞中有很多种细胞器，这是生物进化的结果，是适应环境的表现。每一种细胞器都有自身的结构和功能，贯穿着生命的"结构与功能观"。在学习过程中，教师只要引导学生抓住"进化"和"结构与功能相适应"这两条内在的逻辑链，所有内容都在这个链条上，学生就容易掌握。即使遇到没有学习过的细胞器，学生也能运用此原理举一反三。

零散的知识点，会使解决问题捉襟见肘

定位于知识点的教学，常常学习了一个点又学习一个点，学生难以形成上位的学科思想和观念。这不仅会弱化知识的价值和意义，学生遇到实际问题时也常常无从下手。

零散的知识点，不易形成解决问题的基本策略

定位于知识点的教学，会将知识点作为教学重点，围绕对知识点的学习展开。这样的课堂很容易成为"满堂灌"的课堂，很容易成为以教师讲解为主的课堂。在这样的课堂上，教师很难给学生提供充分探究的机会，学生很难通过课堂教学形成解决问题的基本策略。

为什么这么说呢？

因为知识点是琐碎的、零散的，总量也是非常大的。如果教师将知识点作为教学重点，就会陷入覆盖教材的做法。对教材中的正文，拓展资源，大字小字，一个都不敢丢下。哪一个点不学习，都不放心；哪一个点没讲到，都担心学生不会。所以，每一个点都要讲一遍，都要学一次。这样的课堂自然就陷入“满堂灌”的局面。教师连讲都讲不完，哪有时间让学生进行探究实践呢?

这样的教学，学生容易获得的是一些相对具体的知识、事实性的知识；学习过程更多的是一种储存式的学习，很难抽象出学科的上位概念和思想。没有学科的核心概念和思想做基础，学生很难形成解决问题的基本策略。

在上述“细胞结构”案例中，教师先带领学生学习细胞膜，再学习细胞器，最后学习细胞核。这些具体的知识点是可以讲解的，也容易记忆，但是学生不一定能解释、解决生命活动中的问题。因为生命科学的问题，常常要到细胞中寻找答案。建构“细胞观念”，形成“细胞整体性”思想才是解释、解决生命活动中问题的基本策略。

另外，这部分内容的大概念是“细胞各部分结构既分工又合作，共同完成生命活动”。这同样是解释、解决生命活动中问题的基本策略。而这样的策略不是教师讲出来的，是要依靠学生通过分析、探究具体的生命活动自己建构起来。如果教师没有提供分析、探究的机会，学生也就很难建构起这样的学科观念和思想——遇到实际问题时，头脑中有很多零散的知识点，而缺乏解决问题的思路。

零散的知识点，不易提供解决问题的基本方法

我们常说，教法决定学法。教师关注什么，学生就会学习什么；教师评价什么，学生就会重视什么。

当教师在课堂上将知识点作为教学重点，将其掰开了、揉碎了讲给学生时，学生也必然局限在知识点的学习中，在细枝末节上过度钻研，在机械记忆上下功夫，而对如何解决问题的思考就会不充分。

课堂上，教师没有为学生创设问题情境，没有提供深入体验、探究的机会，没有在解决问题的方法上进行思考和训练，学生就很难掌握解决问题的方法，思考力和解决问题的能力自然就会不足。

在上述“细胞结构”的案例中，如果遇到实际问题，例如，“人体被细菌感染后，正常情况下，机体会产生抗体进行免疫。如果机体不能正常产生抗体，请分析可能的原因并提出解决方案”，具有学科观念的学生至少会从两个方面思考，提出解决问题的基本方法。

第一，细胞作为一个基本的生命系统，各个部分结构是否完整？如果某个部分结构不完整，功能自然就会异常，生命活动就会受到影响（不能产生抗体）。第二，如果细胞各个部分结构完整，各个部分是否能够协调合作、密切配合？如果没有各个部分的分工协作，抗体同样也不能产生。

当然，这个实际问题涉及生命活动的多个方面，原因其实很复杂。但即使生命活动非常复杂，如果学生掌握了分析问题、解决问题的基本方法，就能逐一进行排查。反之，当学生缺乏相关的学习和训练，缺乏解决问题的基本策略和方法，遇到问题时就只能用一个个知识点机械套用，碰运气。

有教师可能会说，知识点的学习与记忆难道不重要吗？当然重要。任何学科的学习，都离不开基本的知识。没有这些基础知识，学生就无法抽象出学科概念和原理，同样会影响问题解决。我们讨论的关键是不能将知识点作为教学的重点，课堂上不能只围着知识点转；应该有更高的立意，立足学生运用知识解决问题能力的提高，立足学生核心素养的培育。在这样的目标指导下设计教学，将更多的时间和精力用于帮助学生建构学科大概念，掌握学科的研究方法，形成解决问题的基本思路和策略，这才是落实核心素养的课堂应该追求和探索的。

第二节 学科大概念是学科最有价值的内容

一门课程的学习目标到底是什么？一门课程的教育价值究竟在哪里？我们希望学生学习完一门课程后，长久不忘记的东西又是什么？

从学科内容的角度来看，学科大概念反映学科本质，是经得起学生持续思考和理解的内容，是跨时间、跨文化、跨情境的，能帮助学生应对复杂的问题和挑战。

学科大概念指向学科核心内容

关于学科内容，教师大多熟悉知识点，了解学科的基本概念和原理，现在又提出了学科大概念，它们之间是什么关系？为什么在落实核心素养的课堂上，强调跳出知识点、聚焦学科大概念呢？

学科大概念可以整合零散的知识点

什么是"学科大概念"呢？

格兰特·威金斯与杰伊·麦克泰格在《追求理解的教学设计》一书中，将学科大概念比喻为车辖。车辖是一种配件，能够使车轮固定在车轴上。这个比喻能让我们更好地理解学科大概念是指向学科核心的，是能够将学科的相关内容联系起来的概念。

没有学科大概念，抓不住相关内容。时间久了，学生就容易忘记那些零碎的知识。也就是说，学科大概念就像知识的黏合剂，发挥着知识魔术贴的作用。它不仅是一个概念，还是一个工具，帮助学生将零散的知识点整合起来，帮助学生从更核心的、更上位的视角进行观察和思考。

例如，在“细胞结构”单元，如果学生没有关注“细胞各部分结构既分工又合作，共同完成生命活动”这个学科大概念，即使掌握了细胞内所有的微观结构，也不能说明真正理解了细胞结构。即便对细胞中每个结构掌握得再好，时间久了，也很容易忘记那些琐碎的内容。

而一旦理解了“细胞各部分结构既分工又合作，共同完成生命活动”这个学科大概念，学生就可以根据不同的生命活动，整合不同的内容，学习不同的结构。

例如，针对“细胞呼吸”这项生命活动，学生可以学习细胞膜、细胞核以及线粒体、细胞质基质这些结构的内容，并了解它们之间是如何相互协作完成细胞呼吸的；针对“光合作用”这项生命活动，学生可以学习细胞膜、细胞核、叶绿体等结构；针对“分泌蛋白的合成与分泌”这项生命活动，学生可以学习核糖体、内质网、高尔基体等结构的功能以及它们之间是如何分工协作的。

另外，学生还可以随着学习的深入，根据不同的生命活动，学习不同的细胞结构，可以将更多的相关内容整合起来，实现对大概念的持久理解和应用。

学科大概念是指向学科核心的概念

学科大概念不是一般的概念，不是对客观事物属性一般意义上的归纳和总结，而是指向学科的核心概念。它是基于事实性知识，逐渐抽象出来的深层次的、可迁移的概念。它是需要被揭示、需要深入探究才能抓住的概念。

学科大概念中的“大”不是“多”的意思，也不是“包含很多内容”“很庞杂”的意思。相反，它少而精，抽象、概括。换句话说，学科大概念不是因为它包含了更多的知识而“大”，而是它有广泛性、通识性、永恒性和应用性。

《追求理解的教学设计》提供了一个“教学内容优先次序模型”，以帮助教师在教学设计中确定教学内容的优先次序（见图 3-1）。

在这个模型中，有 3 个相互套合的椭圆形，最大椭圆形外的空白是该领域中所有可能的知识，显然不可能全学习，所以要在最大椭圆形内选择学生应该知道的内容；在中间椭圆形内确定重要的内容、学生需要掌握的知识；在最内椭圆形内选择学科的核心内容，也就是学科大概念。

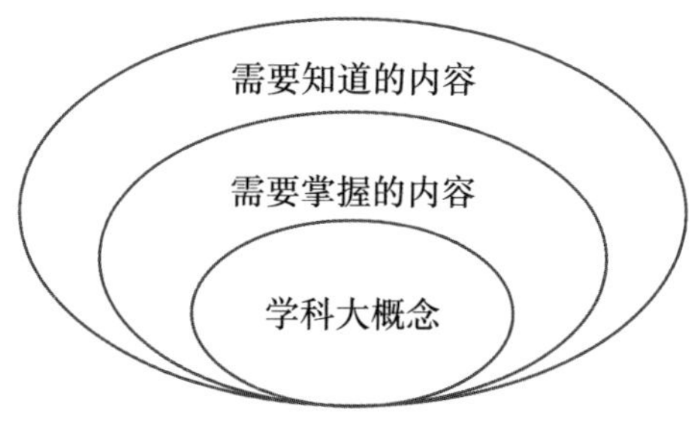

图 3-1　教学内容优先次序模型

该模型形象地展示了学科大概念的核心位置，帮助教师澄清不同层级内容之间的逻辑关系，从而确定教学重点，聚焦学科大概念展开教学。

学科大概念反映学科本质

在《科学教育的原则和大概念》一书中，温·哈伦等从课程的维度提出了 14 个科学教育的大概念（见表 3-1）。

这些学科大概念不论是“科学概念”，还是“关于科学的概念”，都深入核心，反映了科学教育的本质。在科学课程的建设和实施中，教师应立足这些科学大概念制定课程目标，整合课程内容，展开探究式教学，帮助学生通过深度的学习和体验，加深对这些大概念的理解。

表3-1 科学中的14个大概念

类别	序号	大概念内容
科学概念	1	宇宙中所有的物质都是由很小的微粒构成的。
	2	物体可以对一定距离以外的其他物体产生作用。
	3	改变一个物体的运动状态需要有净力作用于其上。
	4	当事物发生变化或被改变时，会发生能量的转化，但是在宇宙中能量的总量总是不变的。
	5	地球的构造和它的大气圈以及在其中发生的过程，影响着地球表面的状况和气候。
	6	宇宙中存在着数量极大的星系，太阳系只是其中一个星系——银河系中很小的一部分。
	7	生物体是由细胞组成的。
关于科学的概念	8	生物需要能量和营养物质，为此它们经常需要依赖其他生物或与其他生物竞争。
	9	生物体的遗传信息会一代代地传递下去。
	10	生物的多样性、存活和灭绝都是进化的结果。
	11	科学认为每一种现象都具有一个或多个原因。
	12	科学上给出的解释、理论和模型都是在特定的时期内与事实最为吻合的。
	13	科学发现的知识可以用于开发技术和产品，为人类服务。
	14	科学的应用经常会对伦理、社会、经济和政治产生影响。

学科大概念具有抽象与综合的特征

阅读上述14个大概念，教师会觉得它们既抽象又综合，既简洁又蕴含智慧，揭示了科学的本质。之所以有这样的认识，是因为教师长期接触这个学科，已经在脑海中构建了学科内容的框架，已经在潜移默化中形成了学科大概念。

但是，学生会觉得这些学科大概念很枯燥、很抽象、很难理解。

学科大概念抽象性的特点决定了要理解它，需要较长时间的学习，需要利用各种机会，充分体验，不断探索；需要从不同维度反复思考。也正因此，教师不能直接把学科大概念讲给学生，否则只会导致学生对大概念死记硬背，不能将大概念与真实的问题联系起来，不能实现学习的迁移，丧失学科大概念应有的价值。

学科大概念体现学科的思想和方法

学科大概念常常体现了学科的基本思想和方法，这既是学科本质的体现，也是它可以帮助学生解决问题的一个重要原因。

例如，在《普通高中生物学课程标准》(2017年版)中，在必修课程中共提炼了4个学科大概念（见表3-2）。

表3-2 高中生物学必修课程中的学科大概念

概念	内容
概念1	细胞是生物体结构与生命活动的基本单位。
概念2	细胞的生存需要能量和营养物质，并通过分裂实现增殖。
概念3	遗传信息控制生物性状，并代代相传。
概念4	生物的多样性和适应性是进化的结果。

生命科学是研究生命现象和生命活动规律的科学。这4个学科大概念，基本上阐明了生物学科最基本的研究范畴，聚焦了生物学科最核心的内容。同时，这些学科大概念也是解释、解决生物学问题的基本思想和方法。

例如，概念1“细胞是生物体结构与生命活动的基本单位”就引导我们解决生物学的关键问题都要到“细胞”中寻找答案；概念4“生物的多样性和适应性是进化的结果”告诉我们生物界的复杂现象只能在进化理论的基础上得到解释。

例如，在数学的课程标准中，也提炼出了数学抽象、逻辑推理和数学建模等学科大概念，这些内容也是数学的基本思想。数学课程的有效实施，就是要帮助学生建构这些概念、形成这些思想，从而使学生能够像数学家那样用数学的思维观察世界，分析世界，解决问题。

第三节 提炼学科大概念的基本方法

目前，有的学科在课程标准中已经明确提出学科大概念；有的学科则只提出学科教学要聚焦学科大概念的理念，并没有列举具体的学科大概念。那么，没有概括出学科大概念的学科，该如何凝练出学科大概念呢？

通过梳理学科内容概括学科大概念

在新课标中，各个学科的内容要求都试图从具体的知识点中走出来，形成更大的概念、主题或者单元，引导教师聚焦更大的主题实施教学。

有的学科在课程标准中，虽然没有明确列出学科大概念，但其中反复出现的一些关键词或短语，例如，数学课程标准中的“数学建模”、物理课程标准中的“科学探究”、化学课程标准中的“宏微结合”、地理学科的“人与自然是生命的共同体”等，其实就是学科大概念。所以，不论学科大概念从哪里来，都离不开对课程标准的学习与研究。

从学科的知识点中进行概括

高中生物学课程标准，直接用一系列概念呈现内容标准，改变了过去“行为动词 + 知识点”的表达方式。在必修课程中，课程标准概括出了四个学科大概念，在每个大概念下，又分解出两到三个稍小一些的学科概念（见表 3-3）。

表 3-3　高中生物学课程标准中的内容要求

概念 1：细胞是生物体结构与生命活动的基本单位	
1.1	细胞由多种分子组成，其中蛋白质和核酸是最重要的生物大分子。
1.2	细胞各个部分结构分工又合作，共同执行细胞的各项生命活动。
1.3	各种细胞具有相似的基本结构，但在形态与功能上有差异。
概念 2：细胞生存需要能量和营养物质，并通过分裂实现增殖	
2.1	物质通过被动运输、主动运输等方式进出细胞，以维持细胞的正常代谢活动。
2.2	细胞的功能绝大多数基于化学反应，这些反应发生在细胞的特定区域。
2.3	细胞会经历生长、增殖、分化、衰老和死亡等生命历程。
概念 3：遗传信息控制生物性状，并代代相传	
3.1	亲代传递给子代的遗传信息主要编码在 DNA 分子上。
3.2	有性生殖中基因的分离和重组导致双亲后代的基因组合有多种可能。
3.3	由于基因突变、染色体变异和基因重组引起的变异是可以遗传的。
概念 4：生物的多样性和适应性是进化的结果	
4.1	地球上的现存物种丰富多样，它们来自共同祖先。
4.2	适应是自然选择的结果。

研究高中生物学课程标准，会发现其内容要求不仅以学科概念的形式呈现，而且学科概念有不同层级，有大有小。在教学中，教师可以根据不同层级的学科概念设计单元，可以以“概念 1”作为一个学习单元，也可以以“概念 1.1”作为一个学习单元，展开以概念为核心的单元教学，促进核心素养的落地。

这就提示教师，在梳理学科大概念时，不必纠结于此概念“大”到什么程度才算大概念。理论上说，只要一个概念能分解出更小的概念，都可以称为“大概念”。也就是说，大概念是一个相对概念，大概念可以有不同层级。但是不论是哪个层级的大概念，都要具有基本特征，即一定的抽象性、综合性、普遍性和迁移性，都不是显而易见的，都需要学生通过问题解决、通过持续的思考与探究才能获得。

教师在梳理过程中，可以从熟悉的知识点开始，不断概括和抽象，形成不同层级的学科大概念。

例如，可以先列出学生需要学习的具体知识，需要掌握的具体内容，列出教材中各个章节名称、每个单元或主题的标题。然后，利用“教学内容优先次序模型”（见图 3-1），区分哪些是事实性内容、哪些是学科术语、哪些是学科概念、哪些是学科原理和研究方法等，并分析各自的内涵和外延，找出彼此之间的关系和内在逻辑。最后，根据本学科课程的性质和基本理念，根据学科大概念的基本特征，尝试将具体的学科内容进行整合、提升、抽象，概括出能聚焦学科核心、反映学科本质的学科大概念。

从学科的不同维度进行概括

在梳理学科大概念时，除了从知识点出发外，还可以从学科的其他维度出发进行概括、总结。例如，学科的发展史、学科的研究方法、学科技术、学科在生活中的应用等视角。

例如，从化学知识角度来看，化学是用于描述、解释和预测化学现象的学科，学科大概念就应该涵盖化学反应、化学键等基本概念；从化学史角度来看，化学学科是通过化学家的不断探索而发展起来的，要学习如何在社会历史环境中发展化学知识，学科大概念就应该涵盖化学模型的发展、化学范式的转变等；从化学社会学角度来看，化学是在个人和社会层面起重要作用的学科，要学习和理解社会科学问题，学科大概念就应该涵盖温室效应、化学污染等内容。

从学科不同维度概括学科大概念，常常会兼顾科学、技术、工程、社会、经济等多个领域，这有利于形成跨学科的大概念，有利于帮助学生从更大的视角认识自我，认识世界（见表 3-4）。

表 3-4　科学课程跨学科的大概念

序号	跨学科的大概念
1	范式/模式
2	因果关系
3	规模、比例和数量
4	系统与模型
5	能量与物质
6	结构与功能
7	稳定与变化

在课堂实践中凝练出学科大概念

在课程实施过程中，在问题设计和活动组织等环节，教师如果能够有意识地走出具体的知识点，围绕学科比较上位的概念、原理和思想方法进行设计，同样可以凝练出学科大概念。

从对核心问题的持续思考中凝练

在教学设计中，问题设计是教师比较关注的环节，很多时候，教师就是通过所设计的问题推进教学的。在教师所设计的各种问题中，核心问题设计是重中之重。核心问题往往指向学科核心内容，反映学科的本质问题，是能引导学生不断思考和理解的问题，是能鼓励学生超越特定主题、进行更大范围迁移和应用的问题。可以说，核心问题与学科大概念具有相同的属性，因此，通过对核心问题的持续思考，也可以凝练出学科大概念。

在高中生物“细胞结构”单元教学实践中，有教师曾经前后设计了五版核心问题。通过对核心问题的持续思考，教师加深了对学科大概念的理解。此案例可为教师凝练学科大概念提供视角。

【案例　高中生物“细胞结构”单元中设计的核心问题】

核心问题第 1 版

（1）细胞各个部分是如何既分工又协作，共同完成各项生命活动的？

核心问题第 2 版

（1）细胞各个部分是如何既分工又协作，共同完成各项生命活动的？

（2）科学家是如何发现细胞各个部分既分工又协作，共同完成各项生命活动的？

核心问题第 3 版

（1）细胞各个部分是如何既分工又协作，共同完成各项生命活动的？

（2）科学家是利用什么技术和方法，发现细胞各个部分既分工又协作，共同完成各项生命活动的？

核心问题第 4 版

（1）生命系统的各个部分是如何既分工又协作，共同完成各项生命活动的？

（2）科学家是利用什么技术和方法，发现生命系统的各个部分既分工又协作，相互依存的？

核心问题第 5 版

（1）系统的各个部分是如何相互关联的？

（2）用什么技术和方法，探究系统各个部分的关联性？

阅读上述核心问题，大家会发现，第一个核心问题（第 1 版的问题）经过的进阶点有两个，分别是：“各个部分如何既分工又协作”的对象，由“细胞”上升为“生命系统”（第 3 版到第 4 版），进而由“生命系统”上升到任何一个“系统”（第 4 版到第 5 版）。

之所以有这样的进阶，源于教师最初觉得本单元的内容是细胞结构，因此核心问题的设计只定位于细胞，只限于对本单元内容的学习。实际上，生命是有结构层次的生命系统，细胞是最小的、最基本的生命系统，除此之外还有组织、器官、个体等其他生命系统。

当第一个核心问题升级到第 4 版时，学生的思考视野就会扩大，他们不仅思考在细胞中各个部分如何分工协作，也会思考在除细胞以外的其他生命系统中各个部分是如何分工协作的。虽然这个问题在本单元得不到明确的答案，但这样的思考有利于学生对整个生命系统的理解，也会加强学生对本单元内容的理解。

当第一个核心问题升级到第 5 版时，学生的视野已经从生命系统走向了非生命系统。实际上，只要是一个系统，其组成都不是简单的堆砌，都需要分工协作，密切配合，才能使系统更好地实现其功能。显然，这样的核心问题更有利于帮助学生建立“系统观”的思想。此时，不仅学科大概念更加清晰，跨学科的大概念也浮出了水面。

第二个核心问题，教师最初没有设计，原因是对核心问题的认识比较狭隘，认为核心问题只能来自具体知识，没有意识到在科学课程中，科学研究方法、技术进步、新工具发现的重要价值和意义，没有理解这些内容是促进科学进步的重要力量，是培养学生综合品质的重要素材。

第二个核心问题经历了 4 次进阶，分别是从无到有（第 1 版到第 2 版），从泛泛而谈到具体（第 2 版到第 3 版），从细胞到其他生命系统（从第 3 版到第 4 版），从生命系统到任何一个系统（从第 4 版到第 5 版）。

通过第二个核心问题，学生会领悟到科学的发展离不开技术的进步，离不开社会的需求；同样，技术更新、社会的发展又会促进科学的发展。这样，“科学、技术、社会”的思想逐步建立，学科大概念逐步形成。

从解决问题的基本策略中凝练

有时候，教师并不明确具体的学科大概念，但在教学过程中，在引导学生完成学习任务的时候，在帮助学生解决问题的过程中，不断厘清解决问题的思路，不断排除细枝末节，最终发现核心内容，发现解决问题的关键，从而总结、提炼出学科大概念。

例如，在语文学科学习中，有的学生对如何概括小说中的人物形象感到困难，因为小说中涉及的事件较多、涉及的人物关系比较复杂，因此，感觉无从下手。

针对这个问题，教师在帮助学生的过程中，先请学生列出他想概括的人物，然后请学生列出与这个人物有关的事件。针对这些事件，教师引导学生思考、分析哪些事件能更准确地概括出人物形象。

在教师的帮助下，学生逐渐梳理出概括人物形象的第一条原则，应该先从核心事件入手。因为人物最核心的形象常常来自核心事件，丢弃对核心事件的分析，概括人物形象就等于舍本逐末。

教师在肯定学生做法的同时，进一步引导学生：当着眼核心事件整体进行归纳、概括时，可以概括出人物的形象轮廓。如果想进一步细化人物形象，又该怎么办呢？学生进而梳理出第二条原则，要分析核心事件的每个故事情节。

这时，教师进一步引导学生，任何一件事都可以根据时间的变化、空间的变化、人物的转换等分成若干阶段。这些阶段就是故事情节。抓住每个故事情节，依次进行分析、概括，就能进一步将人物形象丰满起来。教师分析后，请学生结合具体的小说内容进行分析和概括。学生在梳理的过程中，又发现在每个故事情节中，还有很多细节描写，于是学生又总结出概括人物形象的第三条原则，要抓住每个情节中的核心细节，进一步完善人物形象。

在这个案例中，师生不断总结出概括人物形象的基本步骤：一分析核心事件，二分析构成事件的情节，三分析构成情节的细节。这样，“故事、情节、细节是小说中表达人物形象的基本维度”的学科概念也就基本建立起来了。

学科大概念的梳理与概括，没有统一的模式，在教学实践中，教师可以创造性地开展工作。在呈现学科大概念时，也不必拘于形式，可以用陈述句进行表述，例如，“宇宙中所有的物质都是由很小的微粒构成的”，也可以用一个名词、短语、原理或者一个问句来表示，例如，“自然选择”“板块构造模型”“结构决定功能”“我们能进行有效的证明吗”。只要是指向学科核心的、反映学科本质的，能引发学生持久探究和思考的内容，都可以作为学科大概念。

第四章
从教学目标到学习目标

什么是教学目标？什么是学习目标？教学目标与学习目标有什么本质区别？

将“教学目标”转化为“学习目标”，是在课堂上落实核心素养特别容易被忽视的环节，是从“教”走向“学”的前提和保障。

【在课堂上】

- 教学目标转化为学习目标学生才知道做什么。
- 学习目标应描述得让学生能看懂，看得明白。
- 学习目标应能够指导并促进学生的深入学习。

第一节 教学目标与学习目标是一回事吗

以前，常听到教师有这样的抱怨:“这个内容我都讲了很多遍了，学生怎么还不会呢?”学生不会的原因可能有很多，但有一条不容忽视，那就是学生可能并不知道应该学什么，更不清楚应该学到什么程度。也就是说，学生根本不知道具体的学习目标是什么。

为什么会这样呢?

因为教学目标往往只在教师心中，在教师的脑子里。即使将教学目标写在讲义中，写在黑板上，学生也往往看不懂，看不明白，因为“教学目标”与“学习目标”本来就是两码事。

教学目标的陈述方式通常高度概括

教学目标是教师制定的，它是教师对学生通过课堂教学应达到学习结果的具体描述。与课程标准相比，教学目标有具体性、可操作性的特点，但它依旧只是教师所期待的学习结果。作为教学主导的教师，在制定教学目标时，虽然会考虑学生的认知水平和学习基础，但对目标的描述通常高度概括。

描述知识目标常采用抽象的动词

请看下面的案例。

【案例　不同学科的知识目标】

1. 理解并掌握正弦定理的证明，运用正弦定理理解三角形。

2. 理解加速度的概念，掌握加速度是表示速度变化快慢的物理量。

3. 掌握《中华民国临时约法》的内容，理解南京临时政府的革命性质，认识到临时政府颁布的法令和措施对中国近代社会的影响。

这样的教学目标是很常见的，教师在描述知识目标时，常常采用"理解""掌握""说明"这样的动词。使用这些动词比起只罗列知识点，似乎具有了可操作性，有利于知识目标的落实。但学生往往对此仍是一头雾水，因为他们不知道"理解"与"掌握"的区别是什么，也不知道从哪些维度"说明"是符合要求的。这些看似清晰、明确的目标，在学生眼里依旧是抽象的。

此外，知识目标中描述的知识内容对学生来说，通常是全新的，涉及很多新术语、新概念。新知识对学生来说本身就具有挑战性和难度，当新知识与抽象动词结合在一起的时候，可以想象，这样的教学目标对学生意味着什么，很多时候他们都是不知所云的。

对过程与方法目标描述得比较笼统、概括

过程与方法目标是2003年版课程标准特别强调的目标维度，这一目标强调学习过程，注重学生在学习过程中的体验和学习方法的内化。教师在描述这一目标时，针对"过程"的描述往往过于简单、笼统；针对"方法"的描述常常比较概括，造成学生不知道从哪里入手，不知道该怎么做。

请看下面的案例。

【案例　不同学科的过程与方法目标】

1. 通过朗读认识海燕的形象，体悟海燕的豪情。

2. 通过创设情境，体验历史，分组讨论，观念交流，引导学生进行自主学习、探究学习、合作学习，体验第二次工业革命改变了世界和人们的生活，掌握第二次工业革命的成就，理解其特点。

上述案例中的第一个目标，过程与方法描述得非常笼统。“朗读”虽然是实现教学目标的一种方法，但通过朗读怎么就可以认识海燕的形象呢？学生怎样朗读、在朗读过程中要做哪些事情，才可以认识海燕的形象？这在过程与方法中都没有交代。

上述案例中的第二个目标，对过程与方法的描述看似具体，但同样没有可操作性。教师用了很长的句子进行描述，想让学生能够看得明白，知道该怎样做。但对学生来说，在一节课中既要自主学习，还要探究学习，更要合作学习；既要体验、分组讨论，还要交流观点。面对这么多的过程与方法，学生会感到迷茫，无从下手。

对情感态度与价值观目标描述得形式化

请看下面的案例。

【案例　不同学科的情感态度与价值观目标】

1. 培养学生的探究精神、创新精神。
2. 形成学生的合作意识、保护环境意识。
3. 提升学生的阅读兴趣、学习的积极性与主动性。
4. 树立辩证唯物主义的人生观和实事求是的思想。

以上案例呈现的是 4 个情感态度与价值观目标，都描述得比较大、比较虚，有的就是套用了课程标准中的原话。这些形式化的描述，且不说学生，恐怕连教师自己都不知道是否能够实现。

情感态度与价值观目标如果没有与知识目标结合，如果不从过程和方法切入，如果没有具体的实施路径和实施载体，就很难实现。

不论是知识与技能目标、过程与方法目标，还是情感态度与价值观目标，如果站在教师视角描述，常常就描述得比较概括、笼统。

教学目标的实施更侧重教师的主导

教学目标是教师制定的，不论是用了抽象的词汇，还是用了高度概括的语言，应该说教师心中是有数的。教师知道这节课要完成的内容，也知道不同内容要讲到什么程度、重点在哪里。正因为这些内容都在教师心中，在目标的实施过程中更侧重教师的主导作用，学生相对比较被动。

教师主导教学内容的实施

从教学内容的实施来看，教师是一节课或者一个单元教学内容的设计者。教师研究课程标准，分析教材，再经过学科组、教研组的研讨，形成一节课或者一个单元的教学设计。这是一个专业化的过程，体现了教师职业的专业性与科学性。从这个意义上说，教师主导教学内容的实施没有异议，也责无旁贷。

此时，教师需要反思：如此精心准备、专业化设计的目的是什么？

我们永远不要忘了，学习的主体是学生。所有设计和准备，都是为了学生能够学会相关内容，希望学生掌握相关技能和方法，希望学生能够不断提高综合品质。基于此，教师应该将教学内容告诉学生，让学生知道这节课学习什么内容、为什么要学习这些内容、要学到什么程度才符合要求。让学生拥有学习的自主权。

然而，实际的教学情况常常是，教师清楚这节课的教学内容，清楚重点在哪儿，难点是什么，但学生并不知道。所以，在课堂上，教师说什么，学生就听什么；教师讲什么，学生就记什么。教师按照自己的预期和设计往前推进，学生跟着教师的节奏走。学生一旦没跟上教师的节奏，或者上课走神了，或者生病耽误课了，都会影响自己的学习。

更令人担忧的是，长此以往，学生对教师的依赖性增强，一旦离开教师，就不知道该学什么，不知道该做什么了。

教师主导教学活动的开展

我们知道，教学活动是实现教学目标的重要载体。如果教学目标是按照教师的视角描述的，教学活动的开展也会更多地依赖教师主导。

一次，听一节生物课，教师为学生准备了龙虾。一进入教室学生就迫不及待地想动手做实验，但教师要求大家先不要动。原以为教师是要先讲注意事项和要求，然后再开始观察。没想到，教师是按照自己的设计，先创设情境，引出本节课的学习内容，然后开展一系列活动：让同桌相互交流，然后观看视频，请学生回答相关问题。

课已经上很久了，教师还没提龙虾的事儿。学生碍于有老师听课，“耐心”地等待老师的命令。结果，有一组学生的龙虾爬出了盘子，学生尖叫起来，迫不及待地动手、观察，但老师下的指令却是：“给大家 1 分钟时间，先观察龙虾的外形……”接下来教师又继续讲解。过了一会儿，教师又提出给学生 1 分钟时间，用镊子刺激一下龙虾，观察龙虾的反应……一节课下来，学生动手、观察、实验的时间不足 5 分钟。

这样的课堂，虽说有学生阅读、观看视频、小组讨论、实验观察等多项活动，但学生下课时的表情表明他们并不开心。

这节课教师对活动的设计不可谓不用心，什么时候全班活动，什么时候分组活动，什么时候阅读，什么时候讨论，早已成竹在胸；对每个活动所用时间也做了细致的规划。但唯独没有真正考虑学生，没有让学生知道这节课究竟要学什么，要做什么。学生不知道为什么准备了龙虾却不让动手做实验，不知道提供龙虾的目的是什么，学生的兴趣、基础和经验在教学过程中都没有被尊重，更没有发挥应有的价值。

教师主导教学评价的过程

教学评价是对教学过程和教学结果进行判断，依据是教学目标。当教学目标从教师维度进行描述时，教师对教学目标比较清晰，教学评价自然更多地依赖教师来进行，由教师主导评价过程。作为学习主体的学生，由于对教学目标并不十分清楚，所以很难参与到教学评价中。

例如，不论是一个单元还是一个模块，学习结束后，教师会根据教学目标进行命题检测，对学生的阶段学习成果进行评价。此时，从命题到阅卷，从分析到反思，评价的全过程都由教师负责。即使是对学生学习过程的评价，由于教师对教学目标更清晰，通常也是由教师主导的。

既然我们都认同学生是学习的主体，那么教学评价就不应该成为教师的“专利”。如果课堂上有教师的评价，也有学生的自我评价，还有小组之间的相互评价，多种评价方式相互结合，这样就会更有利于学生认识自我，建立自信，激发学习的内动力。有效地进行学生自评、学生之间的互评，关键是学生要清晰学习目标，知道评价的标准和原则，知道从哪些维度进行评价，否则即使有多种评价的形式，也很难保证评价的实效。

教学目标的达成对教师的依赖度较高

教学目标从教师的视角进行描述，教学内容的实施更侧重教师主导，教学活动的开展更侧重教师的组织，教学评价也主要由教师掌控，自然，这种教学目标的达成对教师的依赖度更高。

更依赖教师创设教学情境

在教学实践中，我们常常见到这样的情景：教师没进入教室，学生很难进入学习状态；教师不创设情境，学生不知道学什么；教师不引导，学生不知道做什么。

为什么会出现这些情况？这与学生不知道学习目标有很大关系。如同旅行，已经上路了，学生不知道目的地，不知道要到哪里去。

为了引导学生进入学习状态，教师常常绞尽脑汁创设情境，寻找案例、视频、图形、故事等以激发学生的兴趣，导入新课。在教学过程中，为了保持学生的学习热情，让学生紧跟教师的节奏，教师还会再设置新的情境，引导学生跟着自己走下去。

请看下面的案例。

【案例　高中生物“光合作用”教学目标设计】

1. 概述光合作用的概念。
2. 阐明光合作用的过程。
3. 简述光合作用的本质。
4. 总结影响光合作用的因素。
5. 解释生活中的实际问题。

这节课有五条教学目标，都是围绕“光合作用”展开的。换句话说，关于光合作用，教师知道学生需要掌握这五个方面的内容，但学生是不知道的。因此，上课伊始，在导入环节，教师设计了一个“惊险”的实验，用打火机点燃了四根龙须面，燃起了“熊熊大火”，吸引学生的注意力，然后问道：“面条的能量是怎么来的？这就是本节课要学习的内容——光合作用。”

我们要思考：为什么要到上课的时候，才告知学生要学习光合作用？一个具有刺激性的实验能在多大程度上激发学生的热情和兴趣？有没有更好地激发学生持久学习的方法？例如，将教学目标转化为学生能看得懂的学习目标，让学生知道本节课要学习的内容，为什么要学习这个内容，学习这个内容有什么用。

学生了解了学习目标，就如同旅行知道了目的地，他们就可以自己设计行程。可以自己去，可以结伴行；可以乘高铁，可以自驾游。同理，只有知道了学习目标，学生才可以规划自己的学习过程，调控学习节奏。

更依赖教师的分析和讲解

“概述光合作用的概念”“阐明光合作用的过程”这样的教学目标，教师自己清楚从哪些维度进行“概述”，也清楚如何“阐明”。虽然教师创设了情境，学生知道了要学习光合作用，但是具体学习哪些内容，要掌握到什么程度，学生还是不清楚，只能听教师讲解和分析。

课堂上，教师首先分析光合作用的概念，从中挖掘出光合作用的原料和产物，找出其中发生的物质和能量变化；然后通过资料，讲解光合作用的条件和场所，同时利用图示再现光合作用的过程；进而总结光合作用的本质，最后总结影响光合作用的因素。

一节课下来，对教师来说是环环相扣，从概念到过程，从表象到本质，从影响因素到实际应用，教师心目中的教学目标都涉及了，教师的作用发挥得淋漓尽致。从教师的角度说，教学目标已达成。

而对学生来说，他们整节课都处于被动的状态：教师提供资料，学生分析；教师提出问题，学生回答；教师绘图，学生做笔记。直到本节课结束，才恍然大悟，才知道原来光合作用需要学习这些内容。不排除紧紧跟着教师节奏的学生，也达到了教学目标，基本掌握了光合作用的内容。但肯定还有一些学生，没有跟上教师的节奏，或者由于某些原因游离在课堂之外，本节课的目标很难完成。如果教师的讲解能力平平、教学组织能力有限，那么整个班级教学目标的达成就会大打折扣。

总之，在教学过程中，“教学目标”如果仅仅是教师清楚，没有从学生视角进行描述，没有转化为学生清楚的“学习目标”，教学过程的实施必然更多地依赖教师的作用，依赖教师的设计和组织，依赖教师的讲解与分析，教学目标的达成对教师的依赖度较高，长此以往，学生思考、探究、分析、判断的意识和能力就会减弱。

第二节　学习目标是为学生学习而设计的

陶行知先生曾说“先生的责任不在教，而在于教学，是在教学生如何学”，这句话揭示了教学的本质，即教学的过程就是学习的过程，就是教学生如何学习的过程。

“教学生学”，就要让学生知道学什么、怎样学、学到什么程度、评价的标准是什么，也就是要让学生知道自己的“学习目标”。若连学习目标都不知道，怎么能期待学生能主动参与，合理规划，不断挑战呢？怎么能期待学生能学会学习呢？

为学生的学习设计“学习目标”，是实现从“教”走向“学”，实现学生学习的前提与保障。

学习目标应通俗易懂，让学生一目了然

学习目标是从学生视角出发，为实现预期的学习结果，为学生制定的目标。它向学生传递一节课或一个单元的学习内容，让学生清晰地知道一节课或一个单元最终要达到的结果是什么，并让学生理解他们这样做的原因。有了这样的学习目标，学生才可能自主地规划自己的学习进程，主动参与到学习过程中来。

由于学习目标是为学生制定的，所以能够让学生看得懂、看得明白特别重要，因此，教学目标确定后，如何描述学习目标很关键。

描述的语言要让学生看得懂，看得明白

首先，对学习目标的描述应尽量不使用难懂的语言，应尽量少用书面语言。专业性特别强的概念、原理，可以增加一些条件、背景、解释，以帮助学生理解。

其次，对学习目标的描述应尽量使用简短的句子。不得不使用长句子时，也尽量分解为不同的层次进行表达。这样学习目标的表述可能会长一些，但没关系，重要的是让学生能明白。什么样的方式适合学生了解，就用什么样的方式；怎样表述学生容易理解，就怎样表述。

最后，对学习目标的描述应用亲切、平和的语言。不是下命令，更不是居高临下地布置任务。学生是学习的主体，要让学生感觉这个目标是他自己的，不是教师的要求和命令，建议使用第一人称进行描述。例如，“我们将要……”或者“我能……”等。

描述的行为要具体、可操作

学习目标是服务学生学习的，它不同于教学目标。教学目标不论使用多么抽象的词汇，不论多么概括，教师心中都知道具体的教学内容是什么。为学生学习准备的学习目标需要描述得细致具体，具有可操作性，让学生知道具体要学习什么，要做什么。

请看下面的案例。

【案例　高中语文《论语》单元学习目标设计】

1. 我能从鲍鹏山《孔子传》、李零《丧家狗：我读〈论语〉》《人能弘道：傅佩荣谈论语》等资源中，选择一本或两本进行阅读，并在此基础上，提炼出自己理解的《论语》的主要思想。

2. 我能根据每本书的思维导图整理出自己的观点。

3. 我将通过自己喜欢的方式制作出《论语》主要思想的思维导图。

（此案例由北京市十一学校闫存林团队提供）

上面的学习目标采用了“我能……”的句式。使用的动词是“选择”“阅读”“提炼”“整理”“制作”，都比较具体，具有可操作性。如何选择？目标中给出了选择的范围。阅读后做什么？目标中也指出了阅读后的任务。怎样表达自己的思想？目标也提供了方法。这样的学习目标，学生一看就知道是什么意思，知道如何做。

学习目标应让学生知道做什么，做到什么程度

学习目标不仅要让学生知道学什么、做什么，还要让学生知道学到什么水平是合格的，做到什么程度更好。这样，学生就能够根据学习目标不断评估自己的学习。

学习过程可视化

请看下面的案例。

【案例　不同学科描述的学习目标】

生物：我能利用生命的物质观，为目标人群（“三高”人群、减肥人群、青少年等）提出饮食建议和营养食谱。

化学：我能运用所学知识说明如何使用不同种类的加酶洗衣粉，根据不同的外在条件（如温度），清洗衣物等日常生活用品。

地理：我能在“海底地形图”上，运用海底扩张学说与板块构造学说的主要观点，解释涉及的地理现象，并在解释的过程中能够指出两个学说在应用上的差别。

语文：我能从《史记》每位史传人物的重要事件中，提取关键信息并加以分析，概括人物性格特点。

首先，上述学习目标清晰地表达出学生要“学什么”。目标中使用了

“提出”“指出”“提取”等可操作的行为动词，将学习任务清晰地呈现给学生，学生知道了要学什么，要做什么，实现了学习内容的可视化。

其次，上述学习目标清晰地表达出“如何学”和“怎样做”，让学习过程进一步可视化。

例如，如何为目标人群提出饮食建议和营养食谱呢？目标中提出要“利用生命的物质观”，这就提示学生要将自己对生命物质组成的认识、对生命物质观的理解，运用到饮食建议和营养食谱中。同样，学生如何解释相关的地理现象呢？目标中也指出要“运用海底扩张学说和板块构造学说”，还要“指出两个学说在应用上的差别”。

这样的描述，不仅让学生清晰地知道要学什么，要做什么，而且还为学生的学习提供了脚手架，让学生知道应该怎样学，如何做。这样的描述，使学生如同看到了自己的学习轨迹，看到了自己正在通往目标的路上，看到了学习成功的证明或表现。

学习结果可测量

如何让学生知道做到什么程度是合格的，是达标的呢？也就是说，学习目标如何发挥其可评估、可测量的作用，使学生不仅知道学什么、如何做，还能知道做的效果如何呢？

例如，上述生物学科的学习目标是：“我能利用生命的物质观，为目标人群（‘三高’人群、减肥人群、青少年等）提出饮食建议和营养食谱。”这个学习目标学生虽然知道做什么，但是不同年级的学生由于掌握知识的程度不同，完成的情况会差异很大，而且学生提供的饮食建议与专业营养师提出的建议也会存在差异，究竟做到什么程度才合格，这也是学习目标应该告知学生的。

对此，教师还设计了量规来描述达到学习结果时的具体行为和表现，描述在达成学习目标过程中需要经历的阶段，从而帮助学生判断自己正处在哪个阶段，正处在什么位置、是否合格，如何能达到优秀，距离目标还有多远（见表 4-1）。

表 4-1 "大营养师"评价量规

维度	"黄金"营养师	"白银"营养师	"青铜"营养师
目标人群选择的典型性和现实性	设计方案关注了典型的社会人群，对现实问题做出了科学解释，宣传了健康的饮食观念和生活方式	设计方案基本关注了典型的社会人群，对现实问题做出了解释，宣传了健康的饮食观念和生活方式	设计方案选择的社会人群不够典型，对现实问题的解释不深入
营养成分种类、功能论证的逻辑性	准确、全面地描述所设计的饮食建议或食谱中所含的营养成分，并深入、有逻辑地说明了其组成、结构及在细胞中的功能	准确、全面地描述了所设计的饮食建议或食谱中所含的营养成分，并说明了其组成、结构及在细胞中的功能	描述了所设计的饮食建议或食谱中所含的营养成分，但不够准确或全面，对其组成、结构及在细胞中的功能的说明逻辑不够严谨
营养成分鉴定的准确性	能定性或定量地介绍食物主要营养成分的鉴定方法，介绍全面且准确	能定性介绍食物中主要营养成分的鉴定方法，介绍全面且准确	能定性介绍食物中主要营养成分的鉴定方法

（本量规由北京市十一学校刘赛男团队提供）

学习目标应能促进学生的学习

学习目标是为学生编写的，是用来帮助学生学习的。因此，一个有效的学习目标要围绕学生的学习来设计，要能够有效促进学生的学习，为学生增添持续的学习力。

学习目标的制定要符合学生实际

一个好的学习目标，既要遵循课程标准，又要符合学生的学习基础和学习能力，符合学生的认知水平和生活经验，能够激发学生的主动性和创造性。因此，既不能随意降低标准，弱化标准，也不能拔苗助长，让低年级学生做高年级学生的事，让中学生做大学生的事。

例如，高中政治学科，在高一，教师就整合了价格、消费、市场等因素设计“企业经营”单元，设计的学习目标是:“用 SWOT 分析法，评估学校现有的学生社团，并对有企业化倾向的社团提供改制建议。”

教师的初衷是希望学生能够在相对真实的情境中，通过模拟企业的经营过程，让学生理解价格以及市场的运行机制。但是，学生刚刚进入高一，刚刚接触高中的政治学科内容，对价格、消费、市场这些比较抽象的内容还了解不多，此时将较多的学科核心内容进行整合，设计出综合性较强的单元，对学生的挑战有些高。

况且，刚刚入学的高一学生，他们连学校有哪些社团都还不清楚，对社团是否有自己的产品，这些产品是否有市场需求，更不了解，因此，很难选出适合改制的社团，更别说提出改制的建议了。显然，让高一的学生完成这样的学习目标，难度有些大。

学习目标的制定要有一定的挑战性

学习目标太难，学生会无法下手；同样，学习目标也不能过于简单。缺乏挑战性的学习目标同样无法激发学生，无法唤起学生的学习热情。因此，在设计学习目标时，教师既要依据课程标准，又要充分了解学生的实际，制定的学习目标要在学生的最近发展区，既符合学生的认知水平，又具有一定的挑战性。这样才可能最大限度地激发学生学习的积极性和创造性，有利于目标的实现。

例如，高中语文《平凡的世界》这个单元，教师希望学生能够理解长篇小说中主要人物的性格成长历程；能够基于一个主要人物，理解作品中人与人、人与时代之间的关系。（此案例由北京市十一学校史建筑团

队提供）

如何实现这样的目标呢？教师根据学生实际设计了一个具有一定挑战性的学习目标："为作品的人物设置代入一个变量。"具体说，就是"在某个节点，把自己作为一个角色加入《平凡的世界》，成为《平凡的世界》中的一个人物，替他走完后面的人生路，讲述后面可能发生的故事"。

这个学习目标对学生来说具有一定的挑战性。

首先，学生要进行整本书阅读，通过阅读，对书中的人物特点、人物关系形成一个清晰的脉络图。然后，选择一个自己喜欢的人物进行故事重构。在此过程中不改变其他人物的命运，只讲述"自己"加入后，该人物的命运轨迹是怎样的。

这个学习目标虽然具有一定的挑战性，但学生感觉能够上手，觉得特别有意思，创作欲望被激发起来。

学生感觉自己在进行小说的创作，于是首先完成了整本书阅读，梳理出书中的人物关系和人物特点；然后选择一个人物在自己心仪的故事节点，将"自己"加入故事情节中。这个人物将如何发展呢？如何既能自圆其说，又能与整本书的逻辑吻合？学生自己先反复思考，然后小组之间展开多次交流，还要与教师反复研讨。最后，进行续写表达，完成了预期的学习目标。

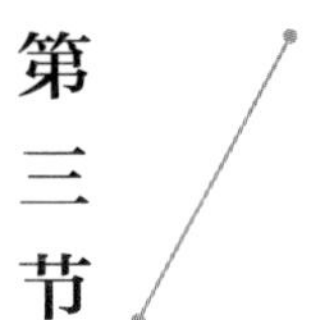

第三节 教学目标转化为学习目标不容忽视

将“教学目标”转化为学生看得懂的“学习目标”，是开启学生学习的第一步，是落实核心素养的课堂不容忽视的重要环节。

如何将“教学目标”转化为“学习目标”呢?

学习目标要以教学目标为前提

教学目标和学习目标本质是统一的，都是教学活动中所期待的学习结果。只不过一个是教师视角，一个是学生视角，因此，学习目标不是另辟蹊径，不是凭空产生的，而是教师在研究课程标准、分析学情的前提下，在制定教学目标的基础上转化来的，制定学习目标的前提是制定好教学目标。

只有教学目标清晰，学习目标才能清晰

教学是一种有目的、有计划的活动，教学目标就是这种目的性、计划性的体现。

一方面，如果教师对教学目标认识不足，没有深入研究课程标准，没有认真分析教材，没有深入研究如何制定教学目标，教学活动就无法按照一定的目标进行，教学环节就会变得随机和随意，很难预期结果，很难实现国家课程标准规定的要求。

另一方面，如果教师没有深入分析学情，不了解学生的前期经验和学习基础，没有从过程和方法切入，制定的教学目标就会高度概括。例

如，“学习生物的遗传内容”“经历科学探究”“培养创新精神和实践能力”等。这种笼统的教学目标，很难指导具体的教学活动，直接影响课堂教学的有效性。

当教学目标不够清晰，不够具体，缺乏可操作性的时候，教师都未必清楚教什么、教到什么程度，更谈不到指导学生学什么、学到什么程度。模糊的、空洞的教学目标很难转化为清晰、具体的学习目标，很难真正指导教学过程，指导学生的学习过程。要制定学生看得懂的、可操作的学习目标，首先要制定清晰、具体的教学目标。

教学目标定位于落实核心素养，学习目标中才能有学生深入的学习

教师在制定教学目标时，需要深入学习课程标准，领悟课程的理念和性质，深入学科本质，挖掘学科内涵，将核心素养转化为教学目标，落实在课堂上。

请看下面的案例。

【案例　历史学科“中国古代经济”教学目标设计】

1. 知道古代中国农业的主要耕作方式和土地制度。
2. 了解古代中国农业经济的基本特点。
3. 列举古代中国手工业发展的特征。
4. 了解古代中国商业发展的特点。

上述案例中，教师制定的教学目标，还局限在学科的知识体系，聚焦的都是学科知识点。这样的教学目标还没有从学科核心素养出发，没有定位于学生综合品质和关键能力的培养，也没有定位于问题解决与知识的应用。

如果将这样的教学目标向学习目标转化，也依旧会停留在“基本特点”“发展特征”这样的知识层次，停留在“了解”“知道”这些低阶的思维认知上，学生解决问题的能力没有得到锻炼。

教学目标的高度决定了学习目标的高度，教学目标的维度决定了学习目标的维度。只有教学目标定位于人的培养、核心素养的落实，学习目标才能与之一脉相承。

教学目标转化为学习目标的关键是服务学生的学习

教学目标转化为学习目标，不是为了转化而转化，也不是为体现学生学习贴个标签。教学目标转化为学习目标的关键就是服务学生的学习，促进学生的学习。

转化后的目标要能够指导学生学习

学习目标的重要功能是指导、帮助学生学习。也就是说，学生在学习目标的指导下，能够自主规划学习进程；能够按照学习目标，展开阅读、实验、探究、研讨等学习过程；能够依据学习目标，反思、评估自己的学习结果。

素养的落实最终要体现在学生身上，是学生在学习实践中、在体验探究中逐渐形成的综合能力和必备品格。如果转化后的目标不能指导学生学习，学生还是不知道该做什么，就会又回到跟着老师走，教师让做什么就做什么的被动学习局面。

学习目标要指导学生的学习，就是要让学生看得懂要学什么，看得明白要做什么，知道要完成哪些任务，知道自己完成的效果如何，所以，由教学目标转化来的学习目标，不是简单地把教学目标写成学习目标，而是从形式和内容都要做相应的转化。

1. 学习目标在行文时要以学生作为第一人称进行描述

学习目标的行为主体是学生，不是教师，所以，在学习目标的陈述中，要以学生作为第一人称当作主语进行描述，用“我将要学习……”“我能够……”这样的句式，让学生感受到目标是写给他们的，是自己要完成的学习任务，要做的事情，不是老师的目标。所以，在描述学习目标时应该避免“培养学生……能力”“使学生掌握……”这类句式，因为这类句式中的行为主体是教师，这样表述会使学生认为学习是教师的事情。

2. 要避免使用教学目标中比较概括、抽象的词语

应尽量使用清晰、准确的词语表述学习目标，使学生看到后容易知道是什么意思。例如，教学目标中常常出现“理解”一词，其实学生是不明白的。此时需要将“理解”进行拆分，转化为学生更容易理解的内容，转化为学生更明白如何做的词。例如，可以结合具体内容，将“理解”拆分为“解释”“举例”“比较”“推论”“分类”等词语，这样学生就比较容易明白什么是“理解”了。

3. 要细化教学目标中比较空洞的内容

学习目标要尽可能具体，有可操作性。例如，教学目标中常出现“培养学生的科学探究意识和科学思维”。这样的目标学生很难理解，什么是“科学探究”？什么是“科学思维”？如何“培养科学探究意识和科学思维”？这些目标都很大，放在很多课程上都适合，很难真正落实。

针对这种情况，要分解目标，结合具体内容，指导学生在做具体事情的过程中，在完成学习任务的过程中加以落实。所以，要找到实现这样目标的载体，进行具体的描述。

例如，科学思维包含实证思维，结合生物学科“丰富多样的现存物种来自共同的祖先”这一内容，可以将学习目标表述为“我能从分子生物学、细胞生物学、胚胎学、比较解剖学和地质学等多方面提供事实，说明当今生物具有共同的祖先”。这样学生既知道该做什么，也知道如何做，同时在收集多方证据的过程中，学生自然就有了实证的思维。

转化后的目标要能够激发学生学习

由教学目标转化来的学习目标，应能激发学生的内在动机，唤起学生的学习兴趣和热情，能够引导学生持久学习和深入理解。

学习目标越具体、明确，越符合学生实际，就越容易激发学生的学习兴趣，学生也就越容易上手做；学生的每一次努力越能够获得成功，就越容易带给学生喜悦的学习体验。当然，要做到这些并不容易。

在学习《论语》这个单元时，在将教学目标转化为学习目标的过程中，四年制高一的老师们就经历了数易其稿的过程。《论语》在整个中学阶段，学生会学习多次。针对四年制高一的学生，什么样的学习目标可以激发学生持久的学习呢？

请看下面的案例。

【案例　四年制高一语文《论语》单元目标设计】

教学目标

1. 希望学生能够理解《论语》的主要思想。

2. 希望学生能够表达对《论语》主要思想的理解。

3. 希望学生能够在理解的基础上背诵 60 则出自《论语》的常用语句。

这三条教学目标中第一条是关键，如果学生没有理解《论语》的主要思想，也就谈不到表达，更谈不到在理解的基础上背诵。那么，如何让四年制高一的学生能够理解《论语》的主要思想呢？如何将这条教学目标转化为学生的学习目标呢？如何让转化后的学习目标激发学生学习呢？

学习目标 1：

（根据上述“教学目标”1 转化而来）

1.0 版：我能够通过阅读《论语》，形成对其主要思想的初步理解。

2.0 版：我能够基于他人对《论语》的解读，形成对其主要思想的理解。

3.0 版：我能够基于傅佩荣、李零、鲍鹏山、陈来等人对《论语》的解读，形成自己对《论语》主要思想的理解。

（此案例由北京市十一学校史建筑团队提供）

1.0 版的学习目标 1，教师只是在人称上做了调整。将“希望学生能……”转化为“我能……”，显然，此目标不够符合学生实际，难道学生要通过阅读整部《论语》来理解其主要思想吗？这对十四五岁的学生来说，此目标缺乏可行性，学生很难有兴趣。

2.0 版的学习目标 1，考虑了学生的认知基础，搭建了一个小台阶，提供了一个方法，就是可以通过他人对《论语》的解读，形成对其主要思想的理解。此时的目标难度减低了，阅读他人对《论语》的解读，显然要比阅读《论语》原著更容易一些，但同样可以形成对论语主要思想的理解。不过，此时的学习目标还不够明确，从古至今，有很多人对《论语》做过解读，阅读谁的解读呢？哪些人的解读更具代表性呢？学生是不知道的。因此，面对 2.0 版的学习目标 1，学生还是不容易上手做。

3.0 版的学习目标 1，更加深入考虑了学生的实际，为学生提供的脚手架更加具体，更具可操作性。在诸多对《论语》的解读者中，教师筛选出了“傅佩荣、李零、鲍鹏山、陈来等人”。这些人的解读更符合目前多数学生的认知水平和阅读水平，更符合学生实际。这样的学习目标具体、可操作、具有选择性，学生读傅佩荣对《论语》的解读也可以，读李零的也可以，读鲍鹏山的也可以。这给学生预留了空间，学生会更加喜欢。结果，有的学生读完了傅佩荣的解读后，又读了李零的解读，接着又读了鲍鹏山的解读，形成了对《论语》的持久学习和深入理解。

教学目标转化为学习目标的路径多种多样

实际上，教学目标与学习目标本质上没有区别，只是视角不同。将教学目标转化为学习目标，要遵循的基本原则是转化后的学习目标要让学生能看得懂，能指导学生学习。具体路径和方法多种多样，教师可以根据具体内容和学生实际灵活、机动转化。下面是一些教师的探索和实践。

通过引导性问题，将教学目标转化为学习目标

引导性问题

1. 本单元结束后，什么内容是我应该掌握的？
2. 本单元结束后，我应该具备什么样的能力？
3. 我要如何做，才能表示我已经实现了目标？

上述引导性问题是通识性的问题，可以放在任何一个单元内使用。它们可以作为桥梁，为教学目标转向学习目标提供支架，帮助教师变换视角，换位思考，从学生的认知基础出发，完成由教学目标向学习目标的转化。

按照引导性问题提供的思路，教师可以针对不同单元，结合具体内容，从知识、能力等维度将教学目标转化为学习目标。当然，引导性问题不止这三个，教师在教学中还可以根据教学实际，探索出更多、更好的引导性问题。

同时，学生可以借助这些问题校正、反思自我的学习情况。它们可以帮助学生思考本单元的学习内容，引导学生进行自我规划，并促进学生进行自我反思、自我调整，帮助学生更好地学习。

通过学习任务，将教学目标转化为学习目标

在将教学目标向学习目标转化的过程中，教师有时候会感觉怎么描述都没说清楚，此时一个具体的学习任务或许可以使问题迎刃而解。

请看下面的案例。

【案例　四年制高一政治“国家政体与国家关系”单元】

教学目标

1. 理解国家利益是处理国际关系的决定性因素。

2. 了解不同国家的政权组织形式及特点。

（此案例由北京市十一学校赵继红团队提供）

如何让学生“理解”“了解”这些内容呢？教师设计了一个学习任务：“绘制我国与10个不同政体国家的亲疏关系图，并配说明书。”

要完成这个学习任务，首先，要了解我国和10个国家不同的政权组织形式和特点。其次，要确定考察亲疏关系的维度。依据哪些方面确定亲疏关系呢？学生可能会梳理出经济、文化、军事、政治、地理位置等维度；然后进一步分析我国在这些维度上与10个国家的亲疏程度，并量化打分；最后根据量化分数，即我国与10个国家亲疏关系的等级，绘图加以表达。

学生在此过程中，会总结出我国与10个国家的政权组织形式，会分析出决定国家之间亲疏关系的重要因素，从而理解“国家利益是处理国际关系的决定性因素”，达成学习目标。

学习目标是写给学生的，无论怎样转化，让学生明白、能帮助学生学习最重要。因此，问题、任务、例子、图片、比喻、题目、有趣的活动等都可以成为教学目标向学习目标转化的媒介。

需要注意的是，不论通过何种方式转化的学习目标，在实施前以及实施过程中与学生进行适时分享、交流学习目标都是非常必要的。

开始单元学习前，与学生分享学习目标，可以帮助学生进一步明确学习内容和学习任务，通过解释学生不理解或者不明白的地方，可以确保每位学生都可以按照学习目标展开学习。

为什么还要在学习的过程中再次分享学习目标呢？

一方面是因为学习目标在单元开始时虽然经过了分享交流，但单元学习展开持续一段时间后，有些学生会忘记当初的学习目标。所以，当学习进行了一段时间后，有必要再次与学生分享学习目标，再次明晰要去的目的地。

另一方面，在学习过程中分享学习目标是一种教学策略。再次分享目标，可以帮助学生回忆学习目标，反思自己的学习过程，判断自己所做的事情是否走在通往目标的路上，距离实现目标还有多远。

此时不论是以小组形式分享学习目标的进展情况，还是请学生口头表达在实现学习目标过程中遇到的困难，都可以进一步深化学生对学习目标的理解和反思，帮助学生对学习过程进行梳理和调整。教师也可以根据学生完成学习任务的情况，对学习目标做进一步的阐释和解读。

第五章
从开展活动到任务驱动

什么是核心任务？它与活动有何不同？如何设计具有挑战性的核心任务？

从“开展活动”到“核心任务”驱动，是在课堂上落实核心素养的关键，也是教学设计的重点和难点。

【在课堂上】

- 简单活动不能承载素养导向的教学目标。
- 核心任务是实现素养目标的载体和证据。
- 核心任务应该有一定的综合性和挑战性。

第一节 核心任务要紧扣教学目标

有教师曾经这样形容课堂上开展的活动："迷迷糊糊地来，热热闹闹地做，糊里糊涂地走。"

之所以有这样的感受，是因为连教师也不清楚为什么要设计活动，更不知道活动是否达到了预设的目标。教师尚且如此，学生就更是丈二和尚摸不着头脑了。

动起来的课不一定是好课

一节好课的标准究竟是什么？

现在，越来越多的教师倾向于一节好课应该在课堂上开展活动，让学生动起来。似乎让学生动起来的课堂比传统的讲授式课堂更好，更能体现学生的主体性，更能体现新的教育理念。

让我们来看几个活动设计的场景。

【案例　不同学科课堂上学生活动的场景】

活动 1：生物课堂上，学习"细胞的结构"。教师讲解，学生参与度不高，于是，教师让学生用橡皮泥制作细胞的结构模型，以帮助学生理解细胞的微观结构。

活动 2：数学课堂上，学生在做"对数函数"的练习题。教师发现学生对着枯燥的练习题昏昏欲睡，于是设计了一个游戏活动：分组答题，回答正确加 10 分，回答错误扣 5 分，看哪个小组最后的得分高。

活动 3：生物课堂上，学生兴高采烈地用各自准备的水果，在教师的帮助下制作果酒。在果酒制作成功后，举行“品酒会”，邀请老师、同学来品酒、鉴酒。

活动 4：语文课堂上，正在进行小组合作学习，学生围坐在一起，或大声争论，或窃窃私语，或放声大笑。教师穿梭其中，教室里非常热闹。

以上四个课堂活动的场景，可以代表课堂活动的几种常见情况。

活动 1：将微观知识具体化、形象化，帮助学生理解知识。

活动 2：通过开展游戏竞赛进行学习，提高学生的参与度。

活动 3：将所学知识应用于实际生活，激发学生的学习兴趣。

活动 4：通过小组合作研讨展开学习，充分发挥学生的主体性。

动起来的课也会存在问题

组织活动展开教学，说明教师关注了学生的学习，关注了学生的参与，比起教师一味自己讲解、机械灌输要好得多。但以上活动的设计，至少还存在两个方面的不足。

1. 活动设计还局限于知识点的学习

活动 1，教师引导学生动手做细胞模型，提高了学生的参与度，可以帮助学生学习细胞的微观结构，对学生掌握细胞结构的知识有帮助。但活动的设计不能仅定位于激发学生的兴趣，还要紧扣素养目标，助力学生综合能力的提升。

按照课程标准，结合这部分教学内容，教学目标应是帮助学生建构“细胞各部分结构既分工又合作，共同执行细胞的各项生命活动”这一重要概念。

建构这一学科概念，需要创设具体的生命活动情境，引导学生分析比较综合的生命现象，结合自身实际，不断反思和体验，从而领悟“生命活动离不开细胞各部分的分工协作”这一概念。

此时再反观“制作细胞模型”这一活动，就会发现其目标还是为了让学生记住细胞的结构名称，记住相关的知识点，离学科概念的建构，离生命观念的形成还有距离。

活动 2 的设计也是如此。数学课程的学习，习题演练必不可少，本节课不论是学生主动做题，还是游戏化参与，课的本质没有改变，活动设计的目的还是对相关知识的复习，检测学生关于“对数函数”的掌握情况，提高学生解题的熟练度。

按照数学课程标准，数学课程的学习要帮助学生形成“数学抽象、逻辑推理、数学建模、直观想象、数学运算、数据分析”的核心素养，那么如何将习题演练与落实核心素养的教学目标建立关联，如何在学习数学和应用数学的过程中落实知识，发展学生的数学核心素养，需要教师重新思考、重新设计。

2. 活动设计还不足以引发深度学习

上述四个活动总体来说比较简单，综合性不强，挑战性也不高，还不足以引发学生深入学习和探究，不足以引发学生持续思考和理解。

活动 1，用橡皮泥制作细胞的结构模型，这一活动的评价指标是“细胞结构的完整性、科学性、准确性”。因此，学生思考更多的是如何将模型做完整，将各个结构准确呈现，认知还停留在“回忆”和“再现”的层次上。

活动 2，用分组抢答的方式激发学生主动参与习题的练习，该活动的评价指标是回答正确加 10 分，回答错误扣 5 分，看哪个小组最后得分高。评价指向的还是知识掌握的熟练程度、解题的技能和方法，还没有到达深度学习。

活动 3，学生制作果酒的活动，学生认为自己制作的果酒如果有酒味，就成功了。由于在活动中没有嵌入对更深入问题的探究，例如温度、糖度、酵母菌数量等因素对酿酒的影响，学生没有定量分析的指标，因此很难进行更深入的思考和探究。

活动 4，学生围坐在一起小组合作学习，学生的状态表明研讨的问题没有足够的挑战性，他们还停留在对简单内容的讨论上，没有深入知识的应用层面，没有达到思维迁移和创造的层次。

落实核心素养需要提升活动的质量

核心素养是知识技能、过程方法、情感态度价值观的综合，要获得这些综合品质，提供给学生的学习载体也应该是比较综合的内容。

如果活动设计得比较小，就很难引导学生进行深入思考和探究；如果活动比较零散、缺乏综合性，就不足以为学生提供进行充分体验和探究的空间，学生之间的合作与交流就容易流于形式，深度学习就很难展开。

在落实核心素养的课堂上，教学设计的关键不是设计简单的活动让学生动起来，而是提升活动的品质和质量，要设计能驱动素养目标实现的、有一定难度和综合性的任务，要设计与真实生活紧密联系的、能激发学生持久思考和探究的任务，我们将这样的学习任务叫作“核心任务”。

美国教育评价专家韦伯提出了“知识深度”理论。这个理论主要指向教学活动和任务设计，强调需要设计的内容是学习的深度、学习过程的复杂程度，这正是在课堂上落实核心素养所需要的。知识深度理论将学生的认识水平分成四个等级，设计者可以根据不同等级的思维要求，设计相应的活动和任务（见表 5–1）。

教师可以利用这个工具，设计与教学目标相匹配的活动和任务，也可以用这个工具评估自己所设计的活动是否处在较高的思维层级，是否具有一定的综合性和挑战性，是否能推动学生深度学习，促进核心素养落实。

表5-1 知识深度框架

深度层级	思维水平	认知水平	对应的活动/任务
第一级	平常思维	回忆与再现	回忆和总结文本本身。答案是明确固定的，对应的是事实和对事实的简单分析
第二级	概念思维	技能与概念	由事实和分析可以得出的概念，以及这种概念的实际应用。答案也是明确的，相对固定的
第三级	策略思维	问题解决与应用	推测和判定，常用“如果……怎么办”的提问方式。根据前面的概念和技能，进行扩展分析
第四级	批判性思维	迁移思维与创造	深入延展，跨学科整合，与原有知识技能结合，用以应对新的问题

核心任务是实现教学目标的重要载体

实现教学目标的载体是什么？有的教师可能会说：教学内容、学科知识、活动组织、问题设计、实验探究等都是。那么，这些内容与核心任务是什么关系？为什么又提出核心任务是实现教学目标的重要载体呢？

对教学目标的再思考

我们首先要回到问题的原点，重新思考我们要将学生培养成什么样的人，课堂上要实现什么样的教学目标。

如果我们把学习看成知识的输入过程，以为学习就是记住知识，考试的时候把所学的知识变成答案，通过填空、判断来还原课堂上所学内容，我们就会发现，学生会边学边忘，到考试的时候，即使做了充分复习，考完试，知识也很快被其他信息所替代。一段时间后再回顾以前的学习内容，学生已经记不起多少了。

经济全球化和科技竞争的加剧，大数据、人工智能等信息技术的突进，迅速改变着人们的工作和生活方式。在此背景下，要培养具有什么能力和素养的学生，成为教育者重新思考的问题。

2009 年，美国 21 世纪学习合作组织提出了“21 世纪学习框架”。这个框架指出，21 世纪要培养学生的学习与创新技能，信息、媒体与技术技能，职业与生活技能。其中，特别强调培养学生的合作与协调能力、沟通与交流能力、批判性思维与解决问题能力、创造与创新能力。

联合国教科文组织在《反思教育：向“全球共同利益”的理念转变？》一书中对我们熟悉的“知识”做了新的界定。它认为知识包括信息、理解、技能、价值观和态度。学习可以理解为获得这种知识的过程。

由此看来，我们需要更新对知识的理解。如果说我们课堂教学的目标是学习知识的话，那么也应该学习这种“新知识”，包含信息、理解、技能、价值观和态度。这种新知识就是今天我们所说的核心素养。

简单的活动承载不了素养导向的目标

学生的合作与协调能力、交流与沟通能力、批判性思维与问题解决能力、创造与创新能力从哪里来？学生的“新知识”如何习得？核心素养如何培育？

如果没有激发学生的求知欲，不能让学生更有兴趣、更有热情地投入对问题的解决，如果没有唤起学生的深入思考，没有激励学生持久地探究，上述目标就很难实现。因此，在课堂上落实核心素养，教师仅仅改变满堂灌还不够，仅仅设计一般活动让学生简单动一动还不行。

首先，教师要先走出自己学科的知识体系，走出为活动而活动的误区，进一步聚焦学生的学习和成长，重新思考学科的价值和意义，思考学科独特的育人功能，思考学生学习这些内容后的真正用途，从知识的迁移应用出发，从用所学内容解释、解决现实中的真实问题出发，重新定位、设计教学目标。

然后，根据素养导向的教学目标，设计相对复杂和综合的任务，设计具有一定难度和挑战性的任务，设计能激发学生持久思考和探究的任务，设计基于真实问题情境和具有现实性的任务。这样的核心任务才与落实素养的教学目标相匹配。

学生在完成核心任务的过程中，会经历分析、判断、综合、评估、提问、争议、质疑、证明等一系列深度学习过程。不仅有知识的学习和技能的使用，更有问题的解决、思维的迁移。在这样的过程中，学生才有可能逐渐形成解决问题的基本思路和方法，培育应对困难和挑战的必备品格与关键能力。也就是说，只有回到现实生活和真实问题情境，设计出具有综合性、挑战性和现实性的核心任务，才能承载落实核心素养的教学目标。

请看下面的案例。

【案例　高中生物“组成细胞的分子”单元】

这部分内容主要学习组成细胞的各种化合物，包括水、无机盐、糖类、脂质、蛋白质、核酸，这些化合物是细胞内的生命物质。

在处理这部分内容时，教师通常是按照教材的章节顺序，先总体介绍细胞内都有哪些化合物，然后再依次介绍每种物质分子（见表5–2）。

表 5–2 “组成细胞的分子”单元的教学安排

第 1 课时	整体介绍组成细胞的化合物，并进行分类
第 2 课时	蛋白质的基本单位——氨基酸的结构及其种类
第 3 课时	蛋白质的结构及其多样性，蛋白质的功能
第 4 课时	核酸的种类，在细胞中的分布及功能
第 5 课时	实验：观察 DNA 和 RNA 在细胞中的分布
第 6 课时	糖类和脂质的种类和功能
第 7 课时	实验：检测生物组织中的糖类、脂质和蛋白质
第 8 课时	水和无机盐的存在方式与功能

这部分内容中蛋白质的分子结构是教学难点。蛋白质是生物大分子，由氨基酸组成，分子结构具有多样性的特点。此内容微观抽象，学生不容易理解。为此教师常常会设计活动来突破这个教学难点。

比如，请学生扮演不同的氨基酸，让学生通过手拉手形成一条长链的方式来模拟氨基酸通过脱水缩合形成蛋白质的过程。

比如，发给学生不同数目、不同颜色的回形针，每个回形针代表一种氨基酸，不同颜色的回形针代表不同种类的氨基酸，请学生将其连接起来。结果就会发现，不同的小组连接回形针的颜色排序不同，连接的长度也不同，这就说明组成蛋白质的氨基酸可能种类不同、数目不同、排列方式不同，其结构具有多样性特点。

这样的活动设计，对突破知识难点有帮助，与发展学生的核心素养有什么关联？如果学生质疑：我为什么要学习组成细胞的分子？我知道细胞由哪些物质组成有什么用？能解决什么问题？教师又该如何回答呢？

经过反思，依据课程标准，教师重新定位了本单元的教学目标，重新进行了任务设计（见表 5–3）。

表 5–3 “组成细胞的分子”单元的教学目标与核心任务

教学目标	1. 应用本单元知识，评估自身的饮食情况，养成健康的饮食习惯 2. 从“生命的物质观”角度理解细胞是由多种分子组成的，其中蛋白质和核酸是两类重要的生物大分子 3. 知道组成细胞各种化合物的种类、结构和功能
核心任务	“我是大营养师”：利用本单元所学内容为目标人群（青少年、减肥人群、“三高”人群等）提出饮食建议，制定营养食谱，成为“大营养师”
备注说明	1. 饮食建议，要从分子机制上解释饮食结构的生理基础和合理性 2. 营养食谱，要通过实验验证每种食物所含营养成分

（此案例由北京市十一学校刘赛男团队提供）

通过设计“我是大营养师”这一核心任务，学生会发现此时的学习，不是为了学习蛋白质、核酸等一个一个的化合物，也不仅仅是记住糖类有哪些种类、蛋白质有什么结构，而是围绕要解决的具体问题展开，要为选定的目标人群提出饮食建议，制定营养食谱。这样的任务设计与学生的实际生活建立了联系，与问题解决建立了联系，能让学生感受到学习的意义和价值。

要完成这样的核心任务，学生需要调查日常所摄入食物的营养成分，例如，一份牛肉面中都含有哪些营养成分；需要通过实验探究每种食物中是否确实含有这些营养成分，例如，牛奶中是否真的含有蛋白质；需要了解这些食物被摄入后的消化吸收过程，例如，吃进去的食物都到哪儿去了，都消化成了什么物质；需要了解这些食物与细胞组成物质之间的关系，例如，吃进去的鸡肉与自己肌肉细胞的组成是什么关系等。

学生经过一系列调查研讨、分析思考、资料阅读和实验探究过程，就可以建构“细胞是由多种分子组成的”核心概念，理解生命的物质性，从而结合实际迁移应用所学内容，为所选择的目标人群提出饮食建议，制定营养食谱。

比较“学生手拉手”“连接回形针”的活动和“我是大营养师”的核心任务，不难发现，核心任务更强调做真实的事，定位于问题的解决、知识的迁移应用，定位于学科概念的建构。与相对简单的活动相比，综合性更强的核心任务更能承载指向核心素养的教学目标。

核心任务应立足真实情境进行设计

在课程标准中，围绕学科核心素养研发的“学业质量标准”，对核心素养目标的达成进行了分级描述。每一级水平的描述，都聚焦了不同的问题情境。比如，简单的情境、特定的情境、真实的情境等，以此来指导教师也要立足问题情境的创设，在解决不同难度问题的过程中，展开学习。

立足真实情境的核心任务从哪里来

核心素养的培育和发展离不开生活，离不开丰富的问题情境，真正的学习是在解决问题的过程中发生的。教师只有转变观念，重新思考学科教学的教育价值，才会多一双发现的眼睛，才会发现生活中的真情境、真问题并不少见。

请看下面的案例。

【案例　高中生物“植物激素”单元】

教材主要以生长素为例介绍植物激素对生命活动的调节作用。例如，植物的根为什么向地生长、茎秆为什么背地生长，叶子为什么总是向光生长。

以往的教学设计，联系实际的例子基本上都是教材中的典型例子，多数情况都是纸上谈兵。在探索落实核心素养的课堂教学中，教师们有了新的发现和探索。

秋季本是丰收的季节，但校园中两棵桃树上的桃子还没有完全长好就纷纷落下。这是怎么回事呢？为什么还没发育好的桃子会纷纷落下呢？这个真实的问题与即将学习的“植物激素”内容密切相关，于是根据单元目标，教师制定了立足于真实情境的核心任务。

教学目标

1. 能够使用植物激素及类似物解释、解决生产生活中的实际问题。

2. 理解植物的生命活动受多种因素的调节，其中最重要的是植物激素调节。

核心任务

“拯救那棵桃树，还原校园生态”调查研究报告

“校园里的两棵桃树为什么纷纷落果？”伴随对这个问题的思考，学生开始了解决问题的学习过程。

学生利用课间，利用午休时间，三五成群到现场考察。观察落果桃树的生存环境是什么样的，它的叶子、枝条长势如何，并采集部分落叶、落果，并对未脱落的部分拍照。回到教室后学生解剖果实，观察叶片，查询资料。根据观察和分析，学生初步找到了桃树落果的外部原因。

学生给出的初步分析结果和治理措施

原因：

①桃树由于患细菌性穿孔病，导致叶片光合作用能力下降，营养供给不足，无法维持果实生长。

②虫蛀果实。

③土壤、空气潮湿导致果实脱落。

措施：

①药物治理，使用抗生素、农药。

②将桃树两侧的玉兰剪枝，以增加桃树的受光面积。

桃树落果的外因找到了，内因又是什么呢？学生开始进行更深入的探究。他们深入到分子水平，探究植物的调节机制是什么，外因如何通过内因发挥作用。要解决这一问题，教材的内容已经不够用，于是学生开始阅读大学教材、阅读科研文献，并且通过实验，对自己提出的假设反复验证，最终弄清楚了植物生存智慧的机理。

最后，学生根据自己的调查、阅读、分析和实验，撰写桃树落果的调研报告。在报告中，学生从外因到内因、从观察现象到本质分析层层深入，分析视角从个体水平、器官水平，一直深入细胞水平和分子机制，将教材内容纳入整个植物生存智慧的大框架中，形成了更大的学科概念。

学生完成的调研报告不仅为学校桃树落果提出了解决方案，而且报告也呈现了完整的科学研究过程，包括做出假设、设计实验、验证假设和分析总结，不仅涉及教材中的激素种类，还拓展到其他植物激素，并附有大量参考文献。

（此案例由北京市十一学校夏静团队提供）

真实情境不一定全真实

有的老师会说，如此恰好贴近现实生活的任务是可遇不可求的。确实如此，所学内容不一定都恰好能对应生活中的真实情境。这里我们所说的“真实情境”是广义的真实情境，不一定全是“真实”的。

当教师不容易找到学生身边的真实现象和问题时，也可以寻找科学前沿的真实研究；还可以“设计”一个真实情境或“模拟”一个真实情境。也就是说，情境不一定是学生生活中实际发生的，但教师进行了真实的描述，强调了情境与学生经验的联系、与学生好奇心的结合；情境可能是模拟的，但赋予了真实探究的可能与意义。

前面案例中提到的“我是大营养师”这个核心任务，就是设计的问题情境。学生显然还不是“大营养师”，但一日三餐与学生生活紧密联系，家人、朋友的健康问题离他们也不遥远，目标人群（青少年、减肥人群、“三高”人群等）的健康问题也经常被关注，所以“我是大营养师”的核心任务对学生来说，就是具有真实问题情境的核心任务。

当然，教师也要鼓励学生多关注生活，从科学、历史、社会、文化、体育等各个角度去发现值得探究的问题。实际上，生活就是最好的课堂，教育的场所从来就不限于学校，不限于教室。

第二节　核心任务要激发学生的自我系统

教师常常这样评价学生："这个学生特别聪明，没看他怎么学，成绩却一直这么好！""这个班学生的理解力一点儿都不强，内容稍难一点儿，就推不下去！""这个学生反应太慢了，怎么讲都听不明白，讲了多少遍了也记不住！"

教师这样评价学生，反映出教师特别关注学生的智力因素与认知水平。这很容易理解，谁不愿教思维敏捷、头脑灵活的学生呢？

认知不是学习的起点

回想一下课堂，我们是否有这样的情况：教师已经讲课很久了，有的学生还没有进入学习状态；教师提出问题后，有的学生还不知道问的是什么问题，甚至没听到问题。遇到这种情况，我们常常批评学生，甚至惋惜："这么聪明的脑袋瓜为什么不用啊？"

岂不知可能有的学生还沉浸在上节课的情境中，也可能有的学生在课间与其他同学起了冲突还生着气，也不排除有的学生想着放学后的体育比赛等其他事情。也就是说，当新的学习任务提出后，如果没有激发起学生的兴趣，如果学生认为这个任务对他来说不重要，或者对他来说太难了，学生都不会参与到新的学习任务中。

没有自我系统的开启就没有学习

现代学习理论告诉我们，当遇到一个新学习任务时，人的第一反应不是马上去获取信息、去分析研究。也就是说，当我们遇到一个新任务时，不会马上开启自己的认知系统进行信息的处理和加工。同理，教师布置了学习任务后，学生并不会马上进入学习状态，不会马上开始学习也是正常的。

现代学习理论指出，面对新任务，人们先要进行“自我系统”的判断，由自我系统决定是否参与、介入这个新任务。此时，自我系统会关注以下问题：“新任务有意思吗？好玩吗？对我来说重要吗？这个任务难吗？我能上手做吗？”只有当这些问题都得到肯定的答案后，自我系统才会开启，人们才会决定参与这个任务，参与学习过程；否则，会依旧停留在原来的活动和情境中。

可见，自我系统没有开启，学习就不会发生。（见图 5-1）

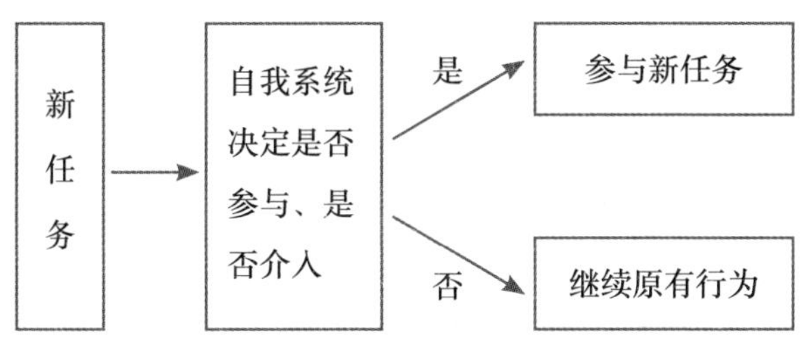

图 5-1　学习模型之自我系统

激发自我系统是学习的原点

当新的学习任务提出后，学生感觉这个任务很有意思、很有趣；学生感觉这个任务虽然有挑战，但是能上手做，可能还会做得不错，说不定还会得到同伴的赞美，提高自己在班级的影响力；或者这个任务正好可以帮助自己解决目前学习中的困难，可以帮助自己提高、实现自己的小目标，等等——当学生拥有以上情绪、情感时，学生的自我系统就会开启。

只有自我系统开启了，学生才可能参与到新的学习任务中，才可能根据学习任务规划学习时间，制定完成学习任务的步骤和流程，寻找完成学习任务的资源；才可能根据目标要求不断反思、不断优化解决问题的方案，这样学生的学习才发生。可以说，自我系统是否被启动决定了学习是否真正开始。

当教师一进入教室就开始按照自己的设计授课时，只能说教师自己的教学活动开始了，但学生的学习未必真的开始了。

按照罗伯特·马扎诺提供的人类学习模型，学生只有认同了新学习任务的价值和意义，开启了自我系统后，才可能明确具体的学习目标，规划自己的学习路径，监控自己的学习过程，反思、优化学习方案，上述活动是由“元认知系统”承担的。自我系统没有开启，元认知系统不可能启动，学生很难进入自我规划、自我反思的学习过程，很难真正“学会学习”。

当通过元认知系统的规划设计、目标制定、策略选择之后，学生才会进入教师最看重的“认知系统”，开始对这个新的学习任务进行信息加工和信息处理。此时，“知识系统”也会参与进来，以保证整个学习过程顺利进行。

简单地说，学习是这样一个过程，即自我系统、元认知系统、认知系统以及知识系统这四个系统相互协调、共同作用以实现学习目标。教师一直认为认知过程是学习的起点，岂不知自我系统的开启才是学习的原点。学习永远是建构意义的过程，没有意义，没有意思，没有趣味，学生就不会参与到学习过程中，此时再良好的认知系统也会被束之高阁。

核心任务要好玩、有趣

好玩、有趣的核心任务是激发学生自我系统的重要力量。

教师喜欢在课堂上设计活动，一个重要原因就是希望能通过活动激发学生的学习兴趣，希望学生能积极参与到活动中。落实核心素养的教学目标需要更加综合和复杂的核心任务来承载，同样希望学生能够积极参与，主动参与。

好玩、有趣的核心任务从哪里来

如何将比较综合和复杂的核心任务设计得好玩、有趣，让学生感觉有意思、有乐趣，能够激发学生的自我系统，成为教学设计中必须考虑的事。

请看下面的案例。

【案例　语文“史传文学中的侠义人物”单元】

在这个单元，教师希望学生通过阅读史传的相关内容，学会概括人物形象，并理解侠义精神在当代的意义。

设计什么好玩、有趣的学习任务来落实这样的教学目标呢？

临近年末，学校每年一次的“校园狂欢节”就要到了。以往，狂欢节那一天，各个年级自定主题，学生和老师会装扮成各种形象，庆祝过去的一年，迎接新的一年。这是一个非常受学生喜爱的节日。于是，教师借助即将到来的狂欢节，根据单元目标，设计出“选一位侠义人物，在狂欢节上装扮一位老师”的核心任务。学生听到这个任务，一下子就兴奋起来，个个跃跃欲试。

首先，选择哪位侠客自己说了算，选择那位教师也是自己做主，这让学生感觉有自己的学习空间。其次，学习任务虽然不容易，阅读量很大，但因为与校园的狂欢节有联系，有娱乐性，学生感觉轻松。最后，要装扮一位教师，这一下子拉近了师生间的距离。“这次老师要听我的”的想法，让学生有了一种学习冲动。

自我系统的开启就像被点燃的发动机，产生的能量有时是惊人的。学生根据狂欢节进行倒计时，制订计划。首先，要阅读大量文本，概括不同侠义人物的形象，选出最心仪的角色；然后，根据侠义人物的特点，物色与之气质类型对应的教师；还要给老师讲解这个人物，写信劝说老师同意装扮这个侠义人物；最后，准备服装、道具，把教师装扮成所选中的侠客，在狂欢节上出场。

由于核心任务带有娱乐性质，学生感觉很有意思。这时，晦涩的文本感觉也不那么难了；为了选出心仪的人物，反复对比不同侠义人物形象；为了说服老师，一次次修改劝说信。整个单元的学习持续了两周多，学生始终兴趣盎然。

（此案例由北京市十一学校闫存林团队提供）

从哪些维度设计好玩、有趣的核心任务

核心任务不同于一般活动，它具有综合性和复杂性的特点，是落实核心素养教学目标的重要载体。要完成这样一个核心任务，一两节课是不够的。让一个花较长时间才能完成的核心任务始终有趣，让学生始终感觉有意思，能持续激发学生的自我系统，这对教师的教学设计提出了挑战。

教育家杜威关于兴趣的理论，至少在两个方面可以给我们提供借鉴。

1. 兴趣是基于儿童的本能冲动

杜威认为，儿童有四种本能，即社交本能、制造本能、艺术本能和研究本能。据此，他又将其发展为儿童的四种兴趣，即谈话和交际方面的兴趣、制作和建造方面的兴趣、艺术和表现方面的兴趣、探索和发现方面的兴趣。这些兴趣是儿童天赋的资源，儿童的成长正是依赖这些天赋资源而获得的。

既然学生的兴趣本能是他们获得经验的基础，因此教育的过程、学习的过程就要从学生的兴趣和冲动出发，不断实践这些兴趣类型，使学生的各种兴趣不断协调发展，使各种兴趣冲动得到不断释放和提高。

如何让核心任务设计得好玩、有趣呢？可以借鉴上述理论，围绕学生兴趣的四种类型进行思考和设计。在设计核心任务时，可以根据教学目标，将核心任务与社交本能、制造本能、艺术本能、研究本能综合在一起，还原学生本能的兴趣冲动，为核心任务加上能激发学生自我系统

的动力装置，使学生始终兴趣盎然地参与核心任务的探究和实践。

2. 兴趣源于儿童的生活

儿童的生活是什么样的呢？杜威认为，儿童世界是一个具有他们个人兴趣的世界，而不是一个事实和规律的世界。凡是在他们心目中最突出的东西就暂时构成他们的整个宇宙。另外，儿童的生活是一个整体，他们可以从一个主题到另一个主题，如同从一个场所到另一个场所，但他们没有意识到中间的转变和中断，没有意识到任何割裂，也意识不到彼此的区分。他们关心的事物，由他们的生活所带来的个人和社会的兴趣而统一为整体。

上述理论启示我们：在增加核心任务的趣味性的时候，不能简单地添加娱乐元素，也不能按成人的思维习惯重组和整合，而要回归学生的兴趣世界。深入了解学生，知道他们喜欢做什么，知道他们对什么感兴趣，并充分尊重他们的兴趣，让符合他们兴趣的核心任务成为他们暂时的生活中心。

核心任务要让学生能做、敢做

立足真实情境的核心任务，本身就容易激发学生的兴趣，使学生感觉有意思。但核心任务同时又是比较综合的，相对复杂。因此，在设计核心任务时，教师还要为学生搭好台阶，提供好工具，必要时将核心任务适当地分解，或者围绕核心任务设计子任务，要让学生感觉核心任务虽然充满挑战，但是“我可以做”“我能做”。

为学生能做、敢做提供脚手架

在上述语文学科案例中，“选一个侠义人物，在狂欢节上装扮一位老师”这个核心任务不仅需要语文知识，还涉及服装、道具、化妆、舞台等多方面知识。这个核心任务不仅考查学生概括人物形象的能力、对侠义精神的理解力，也考查了学生对知识和能力的应用能力，具有一定的挑战性。

为了让学生能做、敢做，教师为学生提供了脚手架。首先，将上述核心任务分解为四个子任务，为学生学习搭建台阶（见图 5–2）。然后设计工具，为学生比较不同侠义人物形象提供支持，使学生能够更准确地概括人物形象。最后，还设计了量规，帮助学生从“事、理、情”三个维度完成劝说信的写作，从而更顺利地完成核心任务。

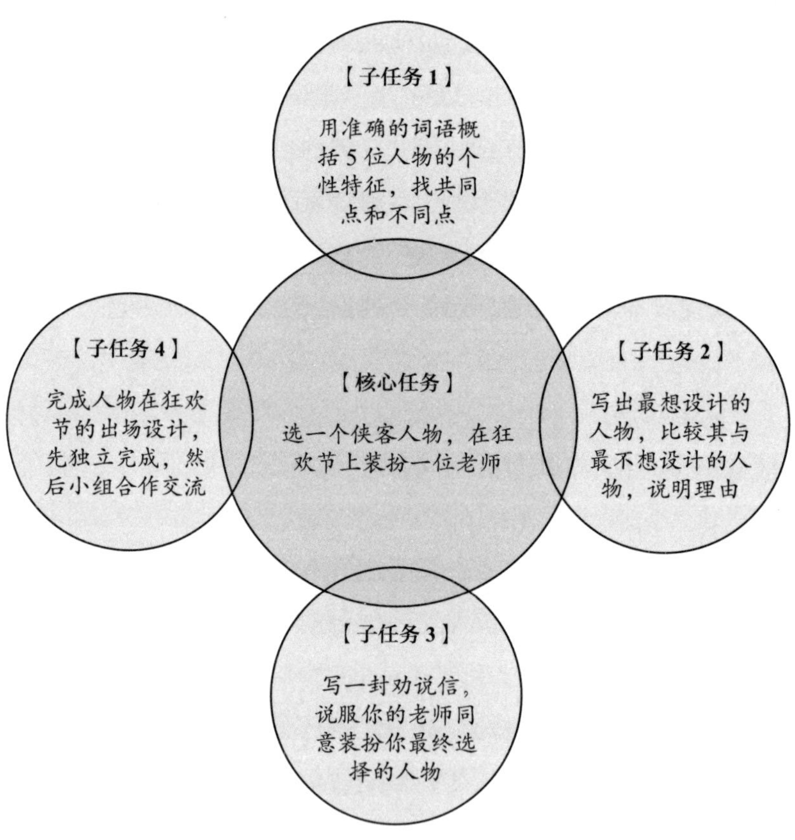

图 5–2　语文“史传文学中的侠义人物”单元的核心任务与子任务

上述子任务的设计就像一个个台阶，一步步帮助学生走向核心任务。

子任务 1 学生比较容易上手。学生通过阅读，利用教师提供的工具，概括、比较 5 位侠客的人物特征。

子任务 2 是在子任务 1 基础上的进阶。这个子任务除了概括人物形象外，还有帮助学生理解侠客精神的作用，学生也可以比较顺利地完成。

子任务 3 侧重于应用。学生需要将自己对人物的理解，通过写劝说信让教师理解，使教师同意扮演这个特定的角色。如果学生一上来就做这个任务，难度较大，但有前面两个子任务做铺垫，此时学生对自己心仪的侠客早已了然于心，根据教师提供的量规，完成劝说信的写作，可谓水到渠成。

子任务 4 比较综合，但教师要求学生先自己设计，然后通过小组合作的形式进行优化，为学生学习提供了小组合作的支撑，使学生也能顺利完成。

让学生在做的过程中获得成就感

在学习起始阶段，好玩、有趣的学习任务可能会激发学生的自我系统，但随着学习的深入、难度的加深、任务的加重，学生的自我系统可能会关闭，这样学习过程就会中断。因此，学生的自我系统被激发后，还面临如何维持的问题，或者说在学习过程中还需要不断激发学生的自我系统。

如何做到这一点呢？让学生在完成核心任务的过程中，不断获得成就感是一个好办法。

成就感是一种情绪体验，是人们实现自我价值，得到认可时产生的一种感觉。心理学家马斯洛的需要层次理论认为追求成就感（自我实现）是个体生存的终极目标。因此，如果学生在学习过程中能够产生满足感、成就感，就能有效激发学习的内部动机，推动学习不断走向深入。

请看下面的案例。

【案例　高中物理“万有引力”单元】

教师根据教学目标，设计了“竞聘‘嫦娥五号’飞行计算组实习生”的核心任务。

这个核心任务很刺激，学生很感兴趣，但如果不能为学生搭建好台阶、界定好维度，学生在做的过程就会感觉有很多困难。例如，“嫦娥五号”正常运行要解决哪些问题，需要哪些计算，竞聘“飞行计算组实习生”最看重哪种能力，等等。这些问题如果得不到解决，学生就很难享受到阶段性成果，也就很难有成就感，核心任务很可能就进行不下去。

针对这些问题，教师几次修改方案，分解任务，让学生逐步获得成就感。

首先引导学生学习万有引力定律的发现历程；然后帮助学生搞清楚基本的理论知识，例如，万有引力和重力的关系、卫星发射与宇宙速度、卫星轨道运行及变轨等；最后再引导学生为“嫦娥五号”卫星测量月球质量设计实验方案。

由于教师为学生学习提供了文本、实验、工具等多方面的资源，学生在完成核心任务的过程中得到了有效的帮助和支持，所以任务进行得比较顺畅，最后学生甚至还设计了竞聘飞行计算组实习生的测试题目，学习潜能得到发挥。

（此案例由北京市十一学校物理教研组提供）

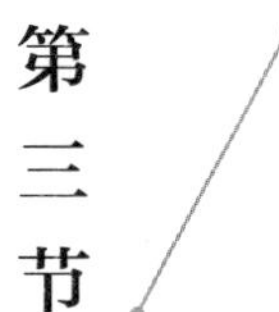

核心任务应贯穿学习全过程

如何让自己的课出彩？教师会想方设法调动学生的积极性，让学生参与到课堂中来，于是视频、实验、讲演、比赛等各类活动纷纷上场。

但是视频、实验、小组活动等都是资源和手段，能够持久激发学生学习的是真实、有趣的核心任务，是既有挑战性又能上手做的核心任务。贯穿整个学习过程的核心任务，才是教学设计的重点。

核心任务是实现教学目标的证据

实现教学目标的证据是什么，关键要看教学目标的定位是什么。如果教学目标聚焦的都是知识点，纸笔测试的结果就可以成为实现教学目标的证据。如果教学目标是学科大概念的建构，学科观念和价值观的形成，学科关键能力、必备品格的培育，仅仅依靠笔试，还不够。也就是说，实现教学目标的证据要随着教学目标的改变而进行调整。

让逆向思维成为教学设计的习惯

针对很多教师在进行教学设计时，更多地思考如何教，从熟悉的教材、擅长的教法出发，从知识的“输入”开始，格兰特·威金斯和杰伊·麦克泰格在《追求理解的教学设计》一书中，提出了“逆向设计”这一理念。所谓逆向，不是从输入开始思考，而是从输出开始思考，从预期结果开始思考，即学生学习这些内容后有什么用，能做什么。

在落实核心素养的课堂上，我们特别需要这种“逆向设计”的思维习惯，它可以帮助教师以终为始，不断反思以下问题。

1. 学生能运用本单元所学的内容做什么？解决什么问题？
2. 本单元的哪些内容值得学生进行持久深入理解？
3. 完成本单元学习后，学生应该获得哪些知识和技能？

对这些问题的反思，可以帮助教师从关注具体的知识点转变为更加关注学科大概念的建构，从重视简单活动的设计转变为更加重视具有真实情境的任务设计，从而实现与素养目标的有效对接。

请看下面的案例。

【案例　高中生物“细胞呼吸”单元教学目标设计】

教材的这部分内容分别介绍了细胞呼吸的概念、方式、过程以及应用，并安排了一个探究实验——探究酵母菌的细胞呼吸方式。

教师据此设计了两版教学目标。

教学目标 1.0	教学目标 2.0
1. 简述细胞呼吸的概念。 2. 说出细胞呼吸的方式。 3. 探究酵母菌的细胞呼吸方式。 4. 说明细胞呼吸的过程。 5. 总结细胞呼吸的本质和意义。 6. 举例说明细胞呼吸在生活中的应用。	1. 能运用细胞呼吸的原理，解释、解决生产、生活中的实际问题。 2. 能理解生物通过细胞呼吸将储存在有机物分子中的能量转化为生命活动可以利用的能量。 3. 知道细胞呼吸的概念、方式以及过程。

生命的生存离不开能量，细胞呼吸就是为生命提供能量的过程。即在细胞内通过有机物的氧化分解，释放出能量。如何让学生理解这

个复杂的生理过程呢？

1.0版的教学目标聚焦的是知识点。什么叫细胞呼吸，细胞呼吸有哪些方式、过程是怎样的，以及细胞呼吸的本质和意义是什么，等等。将这些知识都讲完了，再举几个例子联系一下实际，目标也就达成了。

2.0版的教学目标也涉及知识点。细胞呼吸的概念、方式以及过程等，但不局限于此，不是仅仅为这些知识而学习。教师将知识的迁移应用，即学生能用所学内容解释、解决生活中的实际问题作为首要目标；同时将学科概念“生物通过细胞呼吸将储存在有机物分子中的能量转化为生命活动可以利用的能量”作为持久理解的目标。

显然，2.0版的教学目标比1.0版的维度更宽，标准更高。逆向思维，以终为始，可以帮助教师回归学生视角，重新思考教学目标的定位。

没有证据不足以说明教学目标实现了

确定教学目标后，我们做什么？是设计具体教学过程，还是为实现教学目标寻找证据？也就是说，教学设计的流程是下图中的A还是B呢？（见图5-3）

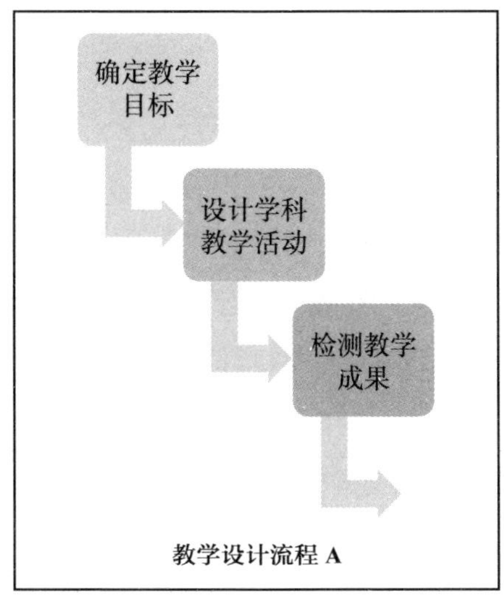

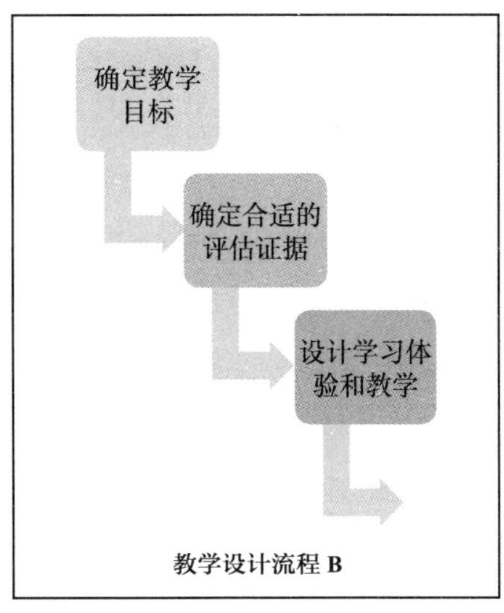

图5-3 教学设计的流程图

通常，教师在进行教学设计时，如图 A 所示，确定教学目标后，会进入教学活动的设计环节，最后再设计检测题，考查学生是否理解、掌握了所学内容。

而符合逻辑的教学设计流程应该是图 B。即确定教学目标后，要设计实现教学目标的证据。试想，如果无法证明能够实现教学目标，如果拿不出学生已经达到目标的证明，怎么能说教学达标了呢？怎么能说目标实现了呢？

因此，在进行教学设计时，应该将评估前置。确定教学目标后，应设计评估，即确定实现目标的证据；将评估证据设计好了后，再进入具体教学过程的设计环节。此时，教学的全过程就是完成评估证据的过程 —— 评估证据完成了，也就证明教学目标实现了。

当将知识的迁移应用、问题解决作为实现核心素养的教学目标时，立足真实情境的、具有一定复杂性和挑战性的核心任务，可以很好地考查出学生是否理解知识了，是否能够用所学内容解决问题了，因此，核心任务就是实现教学目标的评估证据。学生完成核心任务的过程，就是实现教学目标的过程，核心任务贯穿了学习的全过程。

核心任务可以帮助学生形成学科大概念

落实核心素养的课堂离不开知识的学习，需要教师反思的是：我们需要学习什么样的知识？怎样学习这些知识？

按照埃里克森的理论，知识分为事实性知识、主题性知识、概念性知识以及原理和理论性知识，这些知识是一个不断抽象化的过程。（见图 5–4）

按照该理论，事实性知识和主题性知识多是“是什么”“为什么”的问题，它们常常被锁定在特定的时间、地点和情境中，迁移性较弱。

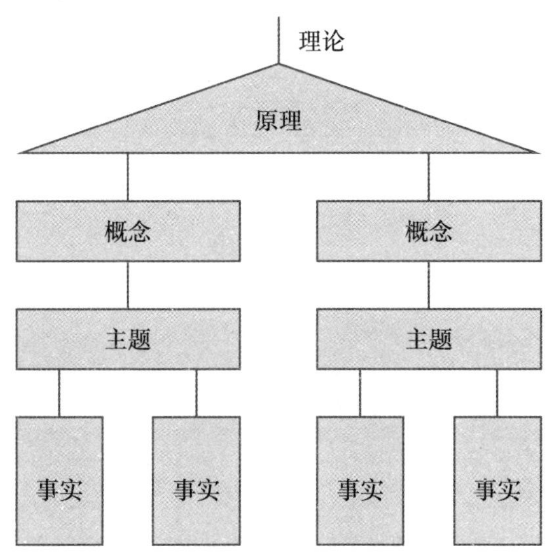

图 5-4　埃里克森关于知识的层级结构

当知识抽象到概念和原理水平时，多是“怎么做”“如何做”的问题；它们所表达的内容常常是跨越时间、地点和情境的，迁移性较强。这些知识不好理解，很难讲清楚，需要体验，需要探究，需要花费更长时间才能习得，才能建构起来。正因如此，这些概念性知识一旦形成，意味着不仅知道，而且理解了，可以将其作为解决问题的基本策略或者工具，可以迁移应用。

为了促进学生能利用所学内容解决问题，教师应该将知识上升到“概念”的层级来思考。

学科大概念需要通过体验、探究来建构

学科大概念是学科最有价值、最核心的概念。它不是一个基础概念，而是一个非常抽象、具有迁移价值的概念。

例如，“生物的多样性和适应性是进化的结果”就是生物学科的一个大概念。这个学科大概念就是学生思考和解决相关问题的基本策略和方法。生物体的很多结构为什么如此复杂，生物的性状为什么有如此大的

差异，生物种类为什么如此繁多，从大的维度思考，都与进化有关，这些都是适应环境的产物。

也正因为大概念可以迁移应用，可以解决问题，所以它不是明摆着的，它需要被揭示，需要不断深入探究和体验才能抓住其核心。

请看下面的案例。

【案例　生物学科大概念“生物的多样性和适应性是进化的结果”】

要帮助学生建构这个学科的概念，就要引导学生从多个方面寻找证据，进行多方面的分析和探究。例如，经过以下7个方面的深入学习，学生才可能理解：地球上的物种多种多样，它们都来自共同的祖先；长期的自然选择，才有了目前物种的多样性和适应性。

1. 分析不同类型证据，探讨地球上现存物种是由共同祖先长期进化来的。

2. 分析变异可能带来生存与繁殖优势的实例，解释生物适应性是自然选择的结果。

3. 运用遗传变异的观点，解释常规遗传技术在现实生活中的应用。

4. 运用数学概率的知识，解释并预测种群内某一遗传性状的分布与变化。

5. 收集进化理论的发展资料，探究生物进化观点对人们思想观念的影响。

6. 运用数学方法，讨论自然选择使种群基因频率发生改变。

7. 探究耐药菌的出现与抗生素滥用之间的关系。

完成核心任务的过程就是建构学科大概念的过程

立足真实情境的核心任务是实现教学目标的证据，是落实教学目标的载体，因此，学生完成核心任务的过程就是建构学科大概念的过程。

例如，“细胞呼吸”单元涉及的学科概念是“生物通过细胞呼吸将储存在有机物分子中的能量转化生命活动可以利用的能量”。

本单元设计的核心任务“超级农民”中涉及了植物（花盆里的土壤板结后，为什么会影响根的生长？新收获的粮食如何储存？新鲜果蔬如何保鲜？）、动物（动物如何肥育？控制体重“管住嘴”和“迈开腿”哪个更重要？）和微生物（农家肥如何促进农作物增产？酿酒过程，如何控制通气？）不同的生物类型。

学生在完成核心任务的过程中，在解释、解决上述问题的过程中，逐渐领悟到：不论植物、动物还是微生物，生物生存所需要的能量都是来自体内有机物的分解，这个过程，就是细胞呼吸，从而建构了“生物通过细胞呼吸将储存在有机物分子中的能量转化生命活动可以利用的能量”这个学科概念。

核心任务可以通过多个子任务不断进阶

落实核心素养的教学目标引导教师不断反思，如何走出琐碎的知识点建构学科大概念；引导教师重新思考设计活动的目的和意义；引导教师走出课时教学的局限，重新设计立足问题解决的学习单元；所有这些都与贯穿学习全过程的核心任务有关。

核心任务具有综合性和挑战性

关于核心任务，前面已经有了较多分析。例如，核心任务是落实素养目标的重要载体，核心任务是实现素养目标的证据，是建构学科大概念的重要路径，核心任务要激发学生自我系统，要贯穿学习全过程等。

核心任务如此重要，因为它是根据教学目标制定的。在落实核心素养的课堂上，教学目标已经从掌握知识转向知识的应用，已经从掌握简单的方法转向实际问题的解决，已经从容易割裂的三维目标转向更加综合的核心素养，这就决定了作为实现素养目标载体和证据的核心任务，具有综合性和复杂性的特点。

请看下面的案例。

【案例 化学“元素周期表”单元】

迁移应用目标：利用周期律预测其他事物的规律。

持久理解目标：结构决定性质，性质决定用途。

核心任务：制作三维元素周期表。

（此案例由北京市十一学校郑弢团队提供）

这部分内容，教材中提供的是二维元素周期表，核心任务是制作三维元素周期表。

学生在完成这个核心任务的过程中，要用到的知识并不局限于元素周期表这一节，还会涉及氧化还原反应、化学键、碱金属、卤族元素、金属活动顺序等内容，需要学生将相关内容进行整合，建立系统的联系，所以这个核心任务是一个比较综合的任务。学生不能照搬照抄，不能机械模仿，需要理解元素周期变化的内在逻辑，进行再创造，而且材料自选，规格自定，要完成这样的核心任务具有一定的挑战性。

子任务是完成核心任务的关键节点

核心任务涉及的知识和技能比较多，思维跨度较大，学生在完成的过程中会遇到各种问题和挑战，教师可以根据学生的学习基础和认知特点，在学生的学习过程中设几个关键节点，帮助他们越过思维的屏障，跨过思维的误区。子任务常常就是完成核心任务的关键节点。

在上述化学案例中，核心任务是制作三维元素周期表。要完成这个核心任务，是否理解和掌握了二维元素周期表是关键。如何帮助学生突破二维元素周期表的相关内容呢？为此，教师为学生设计了一个子任务。

假设你是科技馆的一名讲解员，你需要对前来参访的某中学高一新生介绍元素周期表的发展简史，以及元素周期表对发现新元素、制造新物质、开发新材料的指导作用。请你制作一份海报并做出讲解。

上述子任务，是完成核心任务绕不开的内容，是实现目标的基础环节。子任务不是简单的阅读或者老师讲解，而是让学生自己调查、分析、梳理、总结出二维元素周期表的发展简史，了解科学发展进程。

学生完成这样的子任务，对二维元素周期表的原理、意义和价值有了较全面的理解，提升了整体认知水平，能促进学生完成制作三维元素周期表这个核心任务。

第六章
从使用教材到准备资源

如何使用教材？怎样为学生学习准备资源？教材与资源是什么关系？

从“使用教材”到“准备资源”是在课堂上落实核心素养应具有的资源观，教师需要做好两者的兼顾。

【在课堂上】

- 教材是重要的学习资源，不是唯一的资源。
- 立足核心素养的落实，创造性地使用教材。
- 一切能实现教学目标、帮助学生学习的都是资源。

第一节 资源是助力学生学习的重要保障

学习的意义是不仅要掌握教材中的知识，更要帮助学生能用所学的内容去解决问题，去创新实践。教学的过程更多的是师生之间、生生之间探究合作、分享交流的过程。这样一来，包括教材在内的、更大范围的资源就成了帮助学生解决问题、助力学生学习的重要保障。

教材是重要的学习资源

用资源助力学生学习，并不是要否定教材的重要地位，教材本身就是资源，而且是非常重要的学习资源。它是依据国家课程标准编写的，是课程标准的具体化，既符合国家的育人目标，又考虑了不同阶段学生的认知特点。

教材的思想性强。教材不是一般的材料，不是可有可无的读物。教材承载着育人功能，它注重对学生思想的引领，立足学生综合品质的培养，将正确的人生观、世界观和价值观通过学科内容传递给学生。

教材所选内容科学性强。教材对材料的筛选，具有典型性和经典性；在概念的解释、原理的呈现、观点的介绍上，具有规范性和科学性；对学科知识的综合归纳、分析论证，具有完整性和系统性。可以说，它代表了众多专家学者的专业智慧，是学科知识的精华。

教材的编写方式也富有逻辑性和趣味性。不论是按照单元还是主题划分，教材都内含了学科内在的知识逻辑，知识体系循序渐进，便于学生逐步、系统地学习和掌握。教材常常以学生的生活经验作为切入点，注重与现实生活的联系，配有大量插图，可读性较强。

总体而言，教材设计理念先进、思想性强，是对学科知识的高度概括和总结，是经过加工整理的、富有逻辑的知识体系，特别适合学生反复阅读，是学生开展学习的重要资源。

用教材而不是教教材

作为学科知识的重要载体，教材的重要作用和基础地位不容置疑。但是，时代发展日新月异，各种科技成果层出不穷，人类生产、生活面临的新任务和新挑战也不断发生改变。教材的内容和形式虽然也在发生深刻变化，但更新毕竟需要一定周期，其内容不可避免地具有一定的局限性。因此，在教学过程中，教师需要正确使用教材，既要避免将教材边缘化，草草地将教材讲完，然后用大量时间进行习题演练；也要避免将教材神圣化，僵化地使用教材，囿于教材，不敢越雷池一步。

教教材限制了学生的思维

在现实教学中，僵化地使用教材的例子很多。例如，有的教师只围绕教材中的内容进行教学，不知道为什么而教，也不思考为什么这样教。

这种不敢越雷池一步的教学方式，限制了学生的思维。学生上课听的是教材里的话，下课读的是教材里的事；平时学教材，考试考教材。没有适当的拓展与深化，没有应有的迁移与提升，这样的教学，无法使学生贯通知识间的横纵联系，学生无法理解知识本身的局限性和发展性。长此以往，学生的思维就会被固化在教材中。

僵化地使用教材还有另一种表现，就是一切以教材的内容、观点为标准，将教材内的表述视为问题的标准答案，认为教材怎么说的，就该怎么记，就该怎么答。在这种情形下，学生的思维同样被固化了，发散思维、批判性思维难以发展。长此以往，学生联系实际的能力、解决问题的能力、创新实践的能力从何而来？

在落实核心素养的课堂上，学习被赋予了新的含义、新的意义。掌握书本知识不是学习的目的，学习的意义在于迁移应用，能用所学内容解决实际问题；在不确定的挑战中，能找到解决问题的策略，掌握分析问题的方法，拥有执着探究的品质。这些在解决问题中所表现出来的品质和素养，是需要在日常教学中加以实践和锻炼的。

在这样的背景下，僵化的教教材无立足空间，教师需要不断捕捉生活中的真实情境，将生活中的真实问题引入课堂，创造性地使用教材，带领学生一起探究、体验，在解决实际问题中展开学习。

如何创造性地使用教材

1. 根据学生的实际情况使用教材

教材是统一、规范的，但学生的情况却千差万别。不同学生的学习基础和学习能力不同，兴趣、爱好也有差异，教材的使用也应该是差异化的。

例如，有的学生对科学课的内容不太感兴趣，但对人文和历史却异常喜爱。对这种情况，教师就可以将教材中“科学家小故事”之类的材料充分利用起来，将这些内容推介给喜爱人文历史的学生，引导学生通过阅读科学家的科研故事，激发他们探索科学奥秘的兴趣；还可以把历史教材中有关科技发展、历次科技革命的内容整合起来，作为学习资源提供给这部分学生，以发挥学生喜爱文史的特点，让学生通过自己喜爱的方式来学习。

2. 从解决实际问题的角度使用教材

2017 年版的高中课程标准，倡导课堂教学要基于真实问题情境展开，要在问题解决的过程中培育学生的综合品质和关键能力。

面对真实情境和现实问题，教师如果还是照本宣科，重复教材上的案例，机械模仿教材中的实验，肯定是行不通的。问题越真实，用到的知识就越综合。可能不局限于一章一节的知识，还需要其他章节的知识，甚至需要其他学科的知识。这个时候，教师要敢于创造性地使用教材，对教材进行适当补充、延伸、拓展或重组，将教材变为学生解决问题的学习资源，真正实现“用教材教”。

3. 根据地区和学校的实际情况使用教材

教材是统一编写的，但我国地区差异大，学校情况也各有不同，要因地制宜，充分理解编写者的设计意图，创造性地使用教材。

例如，物理教材中有一个经典实验，通过冰面上的滑车碰撞来验证和分析动量守恒定律。针对这样的经典内容，哈尔滨地区的学校可以就地取材，找一个结冰的湖面和几个滑板，让学生亲身体验一下教材上的经典实验。这样做不仅能使学生理解相关的物理知识，还会获得学习的乐趣。而地处三亚的学校，就没必要非得按照教材要求找一个结冰的湖面了。当然，也不能因为条件不适宜，就放弃让学生进行体验、探究的机会，变成纸上谈兵地讲实验。此时教师可以变换视角，寻找其他没有摩擦力的素材。例如，利用磁悬浮这样的科技手段来让学生设计一个新的实验，从而理解动量守恒定律。

资源无处不在

当下，育人成为教学的第一目标，围绕这样的目标和重点来思考资源就会发现，资源无处不在。一切能助力目标实现、一切能帮助学生解决问题的人员、材料、环境都是资源。

在诸多资源中，特别容易被忽视的，或者说还没有被充分发掘、利用的是环境资源和人这一资源。

让教室充满学科的味道

教室是学生学习的主要场所，我们走进不同学校的教室，走进不同年级的教室，往往发现除了一排排桌椅和前面的一块黑板，很难找到其他学习资源。在这样一个学习空间里，学生只能读教材，听老师讲课，不让老师唱独角戏、不让老师满堂灌都很难。也就是说，当学习资源不够充分、学习素材不够丰富的时候，教师的教学方式和学生的学习方式也是很难改变的。

我们希望教室能够成为学生喜爱的地方，成为学生学习的地方，就要不断丰富教室的学习资源，使其具有更强的育人功能。

【案例　学科教室】

生物学科教室里摆满教学时会用到的花花草草。学生养动物、种花草，教室俨然变成了一个自然生态园。靠墙的两边实验台上，摆满了实验用的仪器、模型、标本、挂图。

物理、化学的学科教室里，同样摆满了各种大大小小的实验仪器、设备、材料；墙上贴满了关于科学新进展、科学家新发现的剪报、学科的经典实验以及实验操作的提示，方便学生可以随时动手做实验，探究各种新问题。

历史、政治、语文这些文史类的学科教室里，书架上摆满了学科图书，学生可以随时阅读。教师甚至还特意设计了"最适合阅读的地方"，布置书画、书架、诗词墙，书香之风扑面而来。

艺术、技术学科的教室也是各具特色，每间教室与相应的课程资源配套。国画教室里有笔墨纸砚，动漫教室里配有特制电脑，服装设计教室里有裁剪台、缝纫机……

学科教室区别于普通教室的特点就是有丰富的学习资源。教师千方百计地用丰富的学习资源充实学科教室，把资源放在离学生最近的地方，让各种学习资源"看得见""摸得着"，以帮助学生随时随地进入学习状态。

因此，教室里配备了各个版本的教材、为学生编写的学习读本、与学科紧密相关的图书、文献资料，联网的电脑、打印机等。学生进入学科教室就像进入了一个专业的阅览室，可以阅读各类与本学科相关的文献资料、图书、杂志。当学习上遇到问题和困难时，学生就可以通过多种资料进行查寻。

物理、化学、生物这样的实验学科，学科教室内不仅有大量图书、文献资源，还有大量模型、挂图、标本、仪器设备、实验器材。此时，学科教室又是一个专业的实验室，学生可以根据自己的学习进度随时进行实验、探究。

放大“人”这一资源

除了环境资源，“人”这一资源也容易被忽略。长期的应试教育，使学生总认为教师的话就是金科玉律。当目标定位于人的培养，定位于素养的培育时，对人的资源也要放大，除了教师，还有家长，还有学生，还有各行各业的专业人员，他们都是重要的资源。

对学生而言，班级、年级、校内的其他同学都是他的学习资源。他可以从不同同学那里获得不同的帮助和启发；提供帮助的学生在帮助其他同学的同时，也会反思自己，不断优化自己的学习策略。实际上，双方互为资源，彼此均受益。因此，不论是学习合作小组，还是“学生讲堂”，都在发挥同伴的力量，促进学生之间相互学习。

家长也是不容忽视的重要教育力量。例如，可以请家长到学校开讲座，可以带领学生到不同家长的工作单位，体验不同的工作岗位，与优秀的员工交流，了解各行各业的现状和发展前景，甚至可以根据需要，请家长直接参与教学。

例如，在“两会”召开期间，政治学科的教师邀请作为人大代表的家长进入课堂，为学生讲解人大代表的职责，讲解自己参加人民代表大会的经历等。历史学科的教师将身为考古学家的家长请到学校，物理教师将引力波研究领域的家长请进课堂。这些家长与教师围绕教学目标，一起备课，一起研讨，为学生的学习带来了新鲜的案例和丰富的素材。

在其他领域做出成绩的工作者同样是重要的教育资源，很多学校有“名家大师进校园”活动。学校聘请各行各业卓有成就的人士走进校园，与学生分享他们的工作经历、成长故事，这既开拓了学生的视野和思路，又增加了学生对社会的了解，也为学生未来的职业规划埋下了种子。

第二节 资源是帮助学生学习的有效支撑

“课堂是学生学习的地方”“课堂上应该充分发挥学生的主体性”“问题要尽量在学生手底下自己解决”，这样的观念正在被越来越多的教师接受。不过，在学生的学习展开后，教师仍然会遇到这样的场面。

自主阅读的课堂上，有的学生眼睛盯着书本，不写也不画，不做任何标记；有的学生前翻后翻，感觉哪页有意思就读哪页；有的学生感觉读完了，却说不上来读了什么……

小组讨论的课堂上，有些小组讨论得天马行空，已经跑题很远了；有些小组只从一个维度思考问题，为此争论得面红耳赤；有的小组一片沉默，没人组织，没人发言，各干各的……

项目学习的过程中，有的学生抱怨说“不知从哪入手开始研究”，有的学生则困惑于“成果展示时不知道从哪些维度展开设计”……

面对这些尴尬的场面，教师常常会埋怨，“我的学生根本不会阅读，不会概括总结”“小组讨论太耽误时间了，效率太低了”“复杂一些的任务学生根本驾驭不了，不知道从何做起”。更多的教师则无法接受这种低效的课堂，在焦虑和困惑中又回到自己“高效”讲解的老路上。

事实真的如此吗？教师需要反思：如何帮助学生提高自主阅读、小组合作的效率，提高他们的学习能力呢？除了在课堂上提供机会、搭建平台外，还有一点容易被忽略，那就是提供工具支持。

“工欲善其事，必先利其器。”想要学生将工作做好，一定要先准备好适宜的工具。

量规是帮助学生学习的指南针

阅读是人类获得知识的重要手段，是认识世界的重要途径。任何学科的学习都离不开阅读，教会学生阅读绝不仅仅是语文学科的事，更不只是语文教师的责任，任何学科的教师都要帮助学生学会阅读，这是他们学会学习的前提。那么如何帮助学生学会阅读、提高阅读效率呢？教师可以尝试使用量规指导学生学习阅读。

帮助学生自主阅读的量规

不同学科对阅读的要求不同，生物教师发现很多学生在生物课程的学习过程中，喜欢做题，不愿意读书，只有在做题中遇到困难时才拿出教材，寻找答案，对内容的理解常常支离破碎；有的学生阅读教材时快速浏览，不求甚解；有的学生阅读时比较机械，死记硬背。针对生物学科阅读中的各种问题，教师提供了阅读生物教材的量规，以此帮助学生学习阅读（见表 6–1）。

表 6–1　高中生物学科阅读教材的量规

	优秀级	合格级	改进级
阅读方法	1. 思考“本节聚焦”中的问题，带着自己的理解开始阅读；阅读后能对上述问题有自己独立的见解；阅读后能够建构较完善的单元知识概念图	1. 带着“本节聚焦”中的问题阅读；阅读后能够回答上述问题；阅读后能够建构本单元的知识框架	1. 没有带着“本节聚焦”中的问题阅读；阅读后也没有回扣这些问题；阅读后合上书，不知道讲了什么

（续表）

	优秀级	合格级	改进级
阅读方法	2. 始终将"粗体字标题"及段落内容与学科核心概念进行关联，找到彼此间的逻辑关系	2. 浏览本单元的"粗体字标题"，建立彼此间的逻辑关系；围绕"粗体字标题"，梳理各个段落间的关系	2. 没有关注"粗体字标题"和段落间的逻辑关系；没有建立起彼此的联系
	3. 不断运用阅读内容解释生活中的实际问题，并提出新的问题；阅读过程中不断地将新知识与原有内容建立联系	3. 阅读过程中始终伴随着思考，不断提出问题；阅读过程中不断地概括出核心内容	3. 阅读中缺乏思考；阅读后不能概括出核心内容，不能提出问题
阅读习惯	1. 能快速捕捉阅读内容的信息，形成自己深刻理解阅读内容的独特方法	1. 阅读中能根据不同的内容用不同符号进行标注，及时记录阅读中的问题	1. 阅读中没有标注，没有及时记录阅读中的问题
	2. 能运用有效的阅读方法，不断提高阅读速度，阅读效率高	2. 合理安排阅读进度，在规定时间内完成阅读任务	2. 不善于根据阅读量设置合理的阅读时间，有拖沓现象

这个量规从两个维度指导学生阅读，即"阅读方法"和"阅读习惯"。在"阅读方法"这个维度上，又从三个方面对如何阅读进行指导：第一，带着问题进行阅读；第二，关注段落间的逻辑关系；第三，不断思考阅读内容与现实生活的关系。在"阅读习惯"维度上，从两个方面进行指导：第一，阅读时做标注的习惯；第二，阅读时做时间规划的习惯。

量规的横栏设置了“优秀级”“合格级”“改进级”三个等级，每个等级都围绕纵向的维度进行具体行为的描述。从量规的表述中可以看出，量规是写给学生的，是帮助学生学习的，不是教师用来打分的，不是用来评价学生的。

在学习过程开始时，可以将这样的量规交给学生，与学生一起学习量规，师生达成阅读生物教材的基本规范。同时，指导学生制定一个阅读等级，按照该等级的描述进行阅读，按照对应等级对自己的阅读进行评估，不断反思自己的阅读习惯和阅读方法是否与对应的阅读等级描述相符；如果希望提高一个阅读等级，就该改变什么习惯，就该做出哪些调整。

有了量规这个工具，学生阅读时就有了抓手，就能够自我评估和自我调节，渐渐掌握阅读方法，养成良好阅读习惯，不断提高阅读效率。

帮助学生进行小组合作的量规

小组合作学习是教师常用的教学组织形式，很多教师常抱怨小组合作学习时，学生合作意识不足、合作能力不强，交流问题时容易跑题，经常会出现学习效率不高的状况。对此，也可以设计一个量规，告知学生有关小组合作学习的基本规范和要求，用量规指导学生进行小组合作学习（见表 6-2）。

该量规围绕组长的领导力、分工与协作、规划与效率三个维度进行设计。如果在小组合作过程中，学生发现有些组员在“打酱油”，小组内存在各自为政的现象，根据量规，他们就会意识到是在“分工与协作”部分出了问题，属于“分工不明确”“缺乏合作”的“改进级”。参照量规，他们就知道该如何去改进，如果做到让“每位成员清楚小组的学习任务，也清楚自己的任务和其他成员的任务……”，这样就能成为小组合作学习的“优秀级”。

表 6-2　小组合作学习的量规

	优秀级	合格级	改进级
组长领导力	组长非常清楚小组的学习任务；能激发团队成员的积极性；及时捕捉团队中的好方法，优化过程，顺利完成预期的任务	组长清楚小组的学习任务；始终关注成员之间的分工、协作；能协调可能出现的问题，确保完成任务	组长领导力不足，不能有效组织团队通过分工协作完成任务
分工与协作	每位成员清楚小组的学习任务，也清楚自己的任务和其他成员的任务；每位成员都时刻关注任务的进展情况，并及时做出调整，成员之间配合默契	每位成员清楚小组的学习任务，也清楚自己的任务；成员之间能相互帮助，互相补台，互相启发	分工不明确，存在“打酱油”的现象；缺乏合作，存在各自为政的现象
规划与效率	成员之间充分研讨小组任务，明确任务之间的关系，形成合理、科学的小组规划表；每位成员都能有序地完成各自的任务，使小组工作更加高效、快捷	每位成员都清楚小组的学习任务，做出小组的规划；每位成员都能在规定的时间节点完成各自任务	不清楚小组的学习任务，缺乏统筹和规划，不能在规定时间完成任务

有了量规这个抓手，组长知道了如何做，更有领导力；组员清楚了自己的职责，并不断反思自己的行为。此时，量规就像一个指南针，帮

助学生沿着正确的轨道不断前行。

工具是支撑学生学习的脚手架

提到工具，我们或许会想起家里的工具箱，里面有锤子、改锥、榔头、扳手、钻头、螺丝、钉子等。虽然不是时时需要，但是遇到问题，若没有对应的工具，问题还真不好解决。

学生的学习过程也是如此，总会遇到这样那样的问题和困难。此时，有的学生可能需要一把螺丝刀，有的学生可能需要一个扳手，有的学生可能需要一个锤子。总之，合适的工具就像脚手架，能帮助学生解决不同的困难，顺利到达目的地。

例如，在小组合作学习中，有了合作学习的量规，学生知道了自己的职责，有了参与的愿望和合作的意识，并不意味着小组合作学习就能顺利进行下去。教师在组织学生小组讨论的时候，总会发现有的学生有参与的愿望，但是不知道如何参与：或是不知道如何组织语言，或是由于胆怯不敢发表自己的观点；有的学生发言的时候会卡壳，一时不知所措；有的学生只有观点，没有证据意识；有的小组思维打不开，围绕一个问题钻牛角尖儿……面对这些情况，都可以借助工具解决。

帮助小组进行合作学习的工具

【工具箱　句子提示签】

句子提示签就是在一些雪糕棍上，写上学生发言时常用的一些提示语，然后把这些雪糕棍放在一个杯子里，供学生随机抽选。雪糕棍上面的提示语可以是：

除了这一方面，另一方面……

我同意你的说法，因为……

我不同意，因为……

我想要对此做一些补充……

我说的不一定对，但是……

你为什么认为……

小组讨论时，学生可以从中抽取一根，根据提示签上的提示语来组织自己的语言，或发表观点，或参与讨论。当学生发言卡壳时，也可以从中抽出一根提示签，利用上面的提示语，把要表达的内容继续陈述下去，或是转换到另外一个角度进行表达。

在小组合作学习过程中，还会遇到效率低下的窘境，其中一个常见的原因是小组内成员很难达成一致意见。比如，遇到有争议的问题时，小组成员之间如何快速解决争议？

【工具箱　翻转卡片】

这个小工具很简单，师生提前制作若干张卡片，每张卡片的两侧，针对某一个常见问题，分别提供不同的解决方案。比如，在小组合作中，如果遇到不同意见，如何快速解决？卡片两面可能是这样的回答：

正面：遇到争议后，投票解决，少数服从多数。

背面：遇到争议后，协商解决，直到所有人达成共识。

再比如，在小组合作学习时，你团队的工作原则是什么？团队追求的价值观是什么？卡片两面可能是这样的内容：

正面：学习第一，完成学习任务后再玩乐。

背面：快乐学习，最后一刻完成学习任务即可。

当把这些写有不同内容的卡片放在学生面前时，学生便可以产生思想上的碰撞。团队成员经过讨论、协商，把卡片一一进行翻转，将同意的内容一面朝上，大家进行选择。在这个过程当中，小组成员相互磨合、相互妥协。最终“面朝上”的那些卡片内容，就成为今后小组成员共同遵守的原则。

当然，还可以进一步引导学生通过投票进行排序，选出他们认为最重要的几张卡片，将卡片上面的内容作为最核心的价值观用来指导团队建设，促进同伴合作。

虚拟世界真探究的工具

在日常教学中，由于现实条件的限制，教师也会遇到只能给学生纸上谈兵的尴尬境况，或是只能“教师做，学生看”的演示实验。然而，落实核心素养的课堂需要我们为学生尽可能创造更多的真实情境，以便让学生能够经历真实的体验和探究。

此时的“真实”是广义的真实，可以是真实发生在学生身边的事情、现实生活中的真问题；也可以是真实的科学研究，引导学生像科学家一样，利用科学的思维方法和研究方法解决科研中的问题。当以上情境都找不到的时候，还可以创设模拟情境，引导学生在模拟的情境中体验学习。

实际上，即使我们创设的情境是真实的，随着学习的深入，也会遇到微观、抽象的内容，此时依旧需要模拟环境来体验、探究。随着技术的发展，随着 VR/AR 设备、体感游戏设备、可视化编程软件、3D 打印机、虚拟实验室、虚拟天文台等引进课堂，这些情境的创设将不再是奢望。强大的新科技工具可以成为支撑学生学习的有力脚手架。

【工具箱　虚拟实验室】

这个工具可以激励学生在直观的、游戏化的环境中进行探索和发现。它可以将很多在课堂上“不可能”做的实验变为“可能”，不仅可以让学生亲自“动手”操作，还可以通过改变参数、改变变量进行多维度的探究，亲身体验接近现实的仿真科学探究。

仿真程序可以在线运行网页版，也可以下载安装到个人电脑离线使用。比如，图 6-1 就是一个流体力学仿真实验模块截图。学生可以十分方便快捷地通过流速计、压力表直接测量管道中流体的各种参数，还可以任意改变液体流量、流速及管道形状内径等参数，非常接近真实状况地开展探究学习。

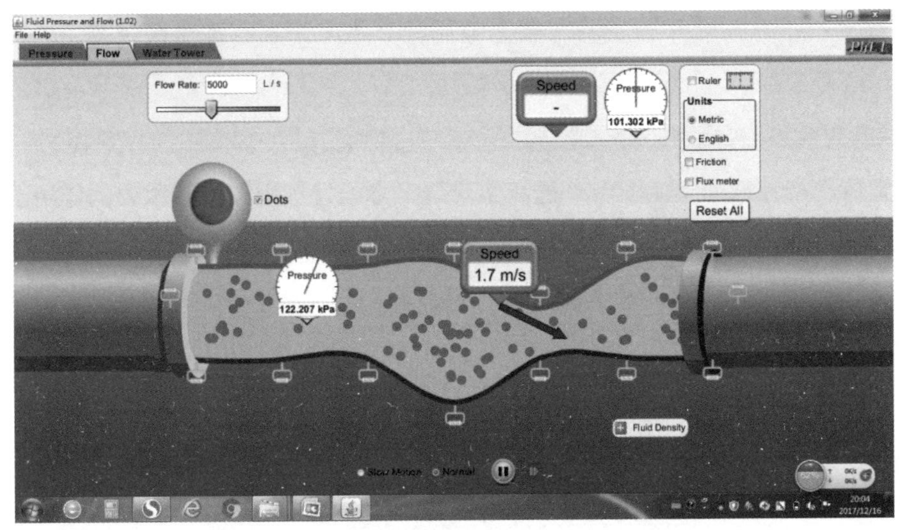

图 6-1　虚拟实验室中流体力学仿真实验模块截图

激发学习热情的游戏化工具

值得一提的是，在激发学习动力和学习热情方面，游戏化工具的力量不容小觑。这种工具能极大地激发学生的学习热情，大大拓展学习的广度和深度，发展出更多学习的可能性。

【工具箱　字谜游戏】

在英语课上，很多学生会被单词的记忆和背诵问题困扰。如何能让单词的复习或检测也变得好玩、有趣呢？有一款“字谜游戏”的工具可以帮助学生。

教师首先将需要学生掌握的单词，利用此款软件生成字谜表。学生拿到字谜表后，就可以沿着横向、纵向或斜向的方向，寻找其中“隐藏”的单词。教师可以提前告诉学生，单词的数量以及来源于哪个单元、章节，也可以增加难度，什么都不提示。学生为了找到所有的单词，就不得不做大量的单词对比。这样的学习过程，可以让不同水平、不同状态的学生都在一种相对放松的情境下，展开各自的单词学习旅程。

（以上数个工具由北京市十一学校林森团队提供）

在以学习为中心的课堂上，当学习过程展开后，学习工具必不可少。它在支持、帮助学生学习，提高学习效率方面发挥着越来越重要的作用。

资源包是服务学生学习的素材库

提到资源包，教师自然会想到自己的小宝库，里面存储着上课用的课件、视频、网站、文献、各种检测试题等。这些资源教师都会分门别类地整理好，放在不同的文件夹中，上课的时候，根据需要提取，使用起来非常方便。一个学期后还会抽时间整理、优化一下自己的资源包，使自己的素材库变得更加丰富、更加实用。

资源包的再整理

教师都特别看重自己的资源包，这些丰富的资源在教学过程中发挥着重要作用，可以很好地帮助教师完成教学目标。

例如，有的素材特别适合情境导入，可以用一两分钟快速创设一个情境，抓住学生的注意力；有的素材特别适合突破教学难点，遇到学生不好理解的内容，借助资源可以使学生豁然开朗；有的题目设计得特别好，是考查学生是否掌握了知识的试金石。这些好东西，都被教师精心地保留了下来。

随着资源包的不断丰富、不断优化，大家需要反思以下问题：

1. 资源包内的东西是否与落实素养的教学目标相匹配？
2. 资源包内是否有更多指向真实问题解决的素材？
3. 资源包内是否有指导学生学习的各种工具？
4. 是否有为不同基础的学生准备的学习材料？
5. 是否有帮助学生实现学习目标的脚手架？
6. 是否有指导学生不断评估和反思的量规？
7. 是否有体现差异的分层级的学习目标？
8. 是否有不同学生学习方式的记录单？
9. 是否有诊断评估素养的细目表？

总之，我们要经常反思资源包中有多少资源是为学生的学习准备的，有多少资源是服务学生学习的。

为学生的学习准备资源包

"学生是学习的主人""课堂是学生学习的地方"，在将这样的理念真正落地的过程中，会发现许多问题。例如，学生不知道自己的学习目标是什么，不知道如何制订计划、如何规划自己的学习；有的学生还不会自主学习、小组合作还流于形式，甚至有的学生对学习还不感兴趣，还不愿意学习……

在主要由教师掌控的课堂上，这些问题似乎没有那么突出，甚至很难暴露，有时候教师甚至不知道自己的学生原来不会学习，不知道成绩很优异的学生，离开教师布置的作业也会不知道该做什么。

帮助学生学会学习，要让学习过程看得见，要让学生有机会暴露自己在学习过程中遇到的问题和困难，这样教师才可能针对性地去指导学生，帮助学生。所以，教师要将课堂留给学生，让学生根据学习目标自主规划、自主探索，不断反思，实践体验，合作分享，在学习过程中学会学习。

一旦学生的学习过程真实展开，一旦学生暴露出不会学习或者学习效率不高的问题，我们就会发现，教师帮助学生学习的策略和方法并不多，教师储备的资源更多的是服务教学的资源，确切地说是方便教师讲课、方便教的资源，而指导学生学习的资源比较少。

教师对学生的辅导，常常更多地体现在知识的讲解、习题的分析上，而落实核心素养的课堂是学生真实学习的课堂，是学生学会知识、运用知识解决问题的课堂。教学的重点是帮助学生学习，而不仅仅是讲解知识；是帮助学生解决问题，而不仅仅是会做题。因此，教师在丰富资源包时，还要丰富帮助学生学习的资源，为学生的学习准备资源包。

当然，教学资源与学习资源不是水火不容的，它们很多是相通的，教师需要做的是变换视角，变换角色，变换定位，做出调整。

当教师站在学习的视角，而非教学的视角；当教师从学生的实际出发，而非从自我的经验出发；当教学定位于帮助学生解决问题，而非仅仅是知识的学习——总之，当教师带着“改变”的思路重新反思自己的资源库时，就会发现它新的价值和意义。

请看下面的案例。

【案例　政治学科的“企业经营与市场”单元】

这部分内容离学生的生活较远，为帮助学生理解所学内容，迁移应用所学内容，教师结合学生的已有经验，将学生社团引入核心任务，请学生选择学校一个社团，为其实现企业化提供建议书。

课堂上，当学生以核心任务展开学习，教师准备的资源除了案例素材外，还为学生设计了三个量规和五个工具，以指导学生学习（见表 6–3）。

表 6–3 “企业经营与市场”单元帮助学生学习的资源清单

序号	学习资源清单	备注
1	归纳企业成功要素量规	为学生归纳、总结提供支持
2	SWOT 评估报告书量规	为学生完成核心任务提供维度和标准
3	改制建议书量规	为学生完成核心任务搭建脚手架
4	企业成功要素归纳工具	为学生归纳、总结提供支持
5	SWOT 小组分享工具	为学生分析问题提供维度
6	改制建议书评价工具	为学生完成核心任务提供维度和标准
7	优秀企业的成功案例	为学生提供有关优秀企业的学习素材
8	学校需要改制的社团资料	为学生提供学校社团的相关资源

（此案例由北京市十一学校赵继红团队提供）

在为学生准备资源包时，教师发现与学科内容有关的资源、与相关问题解决相关的资料并不难准备，比较难准备的是指导学生自主学习、深入学习的工具和脚手架。这些内容教师此前储备不足，而且学习任务各异、学情差异也很大，这部分资源需要教师根据教学目标、核心任务和学生实际进行有针对性的准备。

第三节 资源准备要以支持学生的学习为目的

当下，筛选信息，寻找恰当的内容，发现有价值的资料，成为教师备课的重要组成部分。判断所选资源是否合适、是否有价值的一个重要原则，就是看所选资源能否支撑学生的学习，能否服务于学生的学习，能否帮助学生完成学习任务，实现学习目标。

资源是为了帮助学生学，而不仅是方便教师教

根据资源准备的基本原则，教师需要对手头的资源重新思考和定位，重新分类和优化。将“以教师为中心的教学设计”的教学资源，转变为“以学生为中心的教学设计”的学习资源，让更多的资源帮助学生学，而不仅仅是方便教师教。

请看下面的案例。

【案例　高中化学“原子的结构”单元】

这部分内容主要介绍原子的结构，其中有一个主题是探讨原子结构与元素性质。课标建议，利用“焰火、霓虹灯的颜色”作为真实情境的素材，于是有的教师设计了以下教学过程。

首先，教师进行演示实验。

使用“焰色反应”和“发射光谱仪（模拟霓虹灯发光）”进行演示实验。期间选一个学生代表，让他拿着分光镜观察光谱仪，然后将所

观察到的现象分享给其他同学。

然后，教师根据学生代表所观察到的实验现象引入正课，展开现代原子结构模型的教学。

分析这位教师的资源使用情况，我们会发现这位教师学习了课程标准，利用了课标中提供的焰火与霓虹灯等学习资源。如果深入研究课程标准，就会发现课标之所以提供这样的素材，是希望教师能充分利用这个学生比较熟悉的情境，进行深入的研究，通过体验和探究来感受和认识微观的物质世界，形成“结构决定性质”这个学科大概念。

这样看来，将这个真实情境仅用于课堂的导入环节，将其作为教师开始讲课的引子，利用得不够充分。

教师通过一个演示实验让一位学生代表上台观察光谱图，然后分享给其他同学，对绝大多数学生来说，这个真实情境的素材依然停留在被告知的层面上。真实体验、亲自探究中会出现的种种“意外”，学生没有遇到，被教师熟练的操作规避了。在学生的脑海里面，“原子发射光谱图”与“原子结构模型”就是这么简单明了、严丝合缝般一一对应。殊不知，在实际的原子光谱科研实验中，会有很多特殊状况，会有很多未知现象。解决这些特殊的、未知现象的过程，才是培养学生思维能力、探究能力的过程。

当然，这样的设计并不容易，不仅需要转变教学观念，还面临学习时间（演示实验所需时间短且可控）、学生安全（发射光谱演示仪要使用高压电，学生操作时可能会有危险）、仪器设备（实验室里没有那么多分光镜）等多种因素的制约。

但是，正确的事情不能因为困难就不做了，有价值的事情不能因为麻烦就不探索了。

首先，这个实验完全可以由教师演示转变为学生小组合作探究。可以给每位学生提供体验、探究的机会，提供发现问题、解决问题的机会，让学生从一个被动的课堂观察者，变为一个积极的学习探索者。

其次，针对仪器设备不足这个问题，教师可以引导学生自制分光镜。

这样既可以解决分组实验时实验室里分光镜数量不足的问题，学生还可以在亲自动手做的过程中，熟悉分光镜的成像原理，感受微观原子世界的奇妙。

最后，学生使用自己制作的分光镜，进行观察分析、收集证据、建立观点，并澄清结论和证据之间的逻辑关系，从而形成“证据推理与模型认知”的学科素养。

资源要经过筛选和加工，以支持学生个性化学习

当教师放开课堂，引导学生按照学习目标自主学习、体验探究、解决问题时，当学生的学习过程真实展开后，教师会发现很多新问题。一个特别突出的现象就是学生的差异特别大。

不同学生的学习路径差异很大

不同的学生学习基础不同，学习能力不同，学习习惯不同，思维方式不同，学习方式多种多样。

请看下面的案例。

【案例　两位初中学生针对同一学科的学习路径】

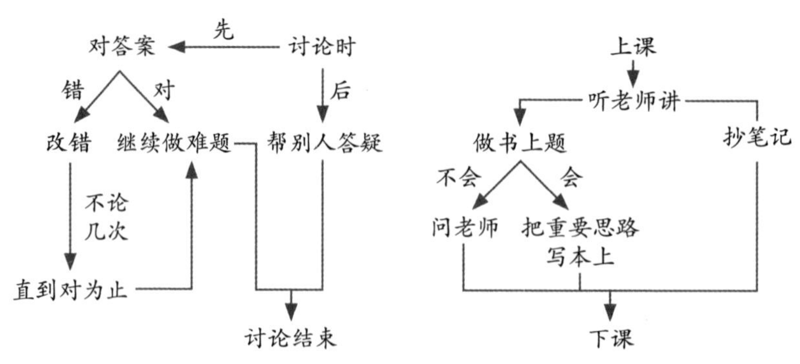

（此案例由北京市十一学校朱则光团队提供）

在左侧这位学生的学习路径中，学习是以做题、讨论和帮助别人答疑的形式展开的，常常从研讨开始，到研讨结束，在整个学习过程中未出现教师。

右侧这位学生的学习路径是这样的，从上课开始到下课结束，上课听教师讲，不会的题目问教师，没有课前的自主预习，也没有课后的总结、反思，学习始终围绕着教师。

筛选、加工资源是备课的重要内容

面对学生不同的学习方式、不同的学习路径，教师该如何帮助学生？就资源准备这方面，教师需要拿出更多的时间筛选资源，加工资源，满足学生的个性化需求，服务学生的个性化学习。

1. 提供给学生的学习资源要有一定的梯度

具体地说，为学生准备的学习资源要体现出差异性，要有一定的梯度。例如，针对不同学习基础的学生，提供不同难度的试题，提供不同层次的阅读文本等。针对不同学习类型的学生，如听觉型、视觉型、动觉型等，提供不同种类的资源，比如，文本资源、实验资源、音视频资源等，为不同学习方式的学生提供方便。

2. 服务学生学习的资源需要有一定的广度

落实核心素养的教学目标不再是具体的知识点，而是帮助学生运用知识解决问题。此时，所用知识也不局限于一节课的内容，可能是跨章节的，也可能是跨学科的。因此，需要给学生提供一定广度的学习资源，从不同的视角、不同层面提供素材，以启发学生，全面地分析问题，帮助学生解决问题。

3. 为学生准备的资源要有一定的承载度

当教学目标定位于培养学生的素养时，简单、零散的活动，很难与学生的综合品质建立关联，无法落实素养目标。没有思维含量的问题无法撬动学生的深度思考，很难发展学生的思维。教师的单向讲解，很难激发学生的学习动力，挖掘学生的学习潜力。因此，为学生准备的资源要有一定的复杂性和综合性，具有一定的挑战性，能够承载培育核心素养的目标。

例如，在高中生物“细胞的能量供应和利用”单元，教师为学生提供了文本、视频、模型、实验、网络等多种学习资源。既有当年的科学史素材，也有最新的学术论文。例如，著名期刊《自然》上面关于葡萄糖研究的最新报道。

关于“细胞的能量供应和利用”的论文有成百上千，并不是每一篇都适合中学生阅读，更不是每一篇都适合学生自主学习。因此，教师需做大量工作，对相关论文进行再加工，确保提供给学生的科研论文，既是现代科学的前沿成果，带有真实的科研情境，是真实的科学研究，对中学生来说，具有一定的综合性和挑战性；又符合中学生的学习基础和知识储备。

另外，提供给学生的学术论文、科学史素材，不仅要与学生的认知水平相匹配，更要与解决的问题、本单元的教学目标紧密联系。只有这样的资源才能成为帮助学生学习、提高学生思维品质的有效资源。

总之，任何不经筛选、未经加工的资源，都很难真正帮助学生学习。任何不成体系、未结构化的资源，不仅不能支持学生的个性化学习，还会增加学生的负担。

资源引进来，课堂活起来

教师在教学方式上的转变，除了内在的理念和动机起作用外，外部环境同样起着重要作用。从某种程度上说，没有丰富的学习资源，学生就很难真正展开学习；在只有一块黑板、一本教材的教室里，希望教师转变教学方式也是很难的。

一个周五下午的两节语文课，因学生的不同表现给教师留下了深刻印象。

请看下面的案例。

【案例　周五下午的最后一节语文课】

A 课堂	B 课堂
讲台上语文老师正在陶醉地讲着一篇古文。然而，学生却有点儿坐不住了。有的学生有些躁动不安，不停地向窗外张望；有的学生有些心不在焉，不停地把书翻过来翻过去……	有的学生坐在教室的“图书角”沉浸在对文章的阅读中；有的学生戴着耳机，目不转睛地观看老师推荐的视频，还不时做笔记；有的学生凑在一块，在电脑上制作电子海报，教师正在与他们一起研讨和交流……

教师都有这样的体会，周五下午的最后一节课，是不太好上的。如果教师所讲内容不是学生感兴趣的，学生的心是很容易飞走的，如 A 课堂，任凭教师再卖力气地讲解，都很难抓住学生的注意力。

教师将更丰富的资源引入课堂，设计有挑战性的核心任务来展开教学，为不同学习方式、不同学习基础的学生提供适切的工具和脚手架，变教师的“讲”为学生的“说”、学生的“做”时，情况就大不相同了。如 B 课堂，学生按照学习目标和自己的学习规划在完成学习任务时，他们会做得很投入，会沉浸其中。

把资源引入教室，把资源融入学习过程，课堂就会发生神奇的变化。

资源引进来，学生的嘴巴动起来

资源引入后，师生之间、生生之间就有了更多交流、分享的机会，课堂由教师一言堂变成“多言堂”。教师引入学习资源，为学生搭建起研讨、交流、对话、质疑的平台，给了学生表达自己观点的机会，使学生从课堂上的听众变成了参与者。

我们知道，了解信息是一回事，能够清楚地表达又是另外一回事。

很多内容，看一遍不一定能记住；听一遍不一定能理解；而给别人讲一次效果就不一样了。

嘴巴动起来后，学生会发现，自己若对学习内容一知半解是无法讲清楚自己观点的；别人再一追问，更说不出来所以然。有时自认为理解了，在表达的时候，却发现自己理解错了，不能自圆其说。表面是嘴巴动起来，实际上会促进反思，促进思考。

资源引进来，学生的感官活起来

教师为学生准备的学习资源是服务学生学习的，帮助学生解决问题的，是经过教师加工处理的。因此，有梯度、有广度、有承载度的学习资源会刺激学生的听觉、视觉、触觉等多个感官，并调动学生利用多种感官去感知，去体验，去探究，去创造。

众所周知，学生因不同的成长环境和先天因素，对事物的认知方法和接受能力是不同的，他们的学习方法也有差异。有些人是视觉型学习者，喜欢看照片和图画；有些人是听觉型学习者，对故事和音乐敏感；有些人是触觉型学习者，通过触摸会学得更好；还有些人是动觉型学习者，更喜欢动手做。但是，更多的人是混合型的，当资源引入后，学生的多种感官会被调动起来，通过观看、听闻、触摸、表演等多种方式进行学习，学习效率往往更高。

资源引进来，学生的思维活起来

实际上，教师为学生准备的多种资源，不论是让嘴巴动起来，还是让其他感官动起来，本质都是开启学生思维，引导学生多维度地思考，让学生的思维活起来。

有的教师常常抱怨学生不会举一反三，不会灵活运用知识。实际上，原因并不完全在学生身上，这也与教师没有提供有针对性的资源、没有进行相关的思维训练有关。

以阅读为例，如果仅仅围绕教材内容，不深入挖掘，不补充资料，学生的思维就容易停留在识记、了解等低阶的认知层次；如果教师根据教学目标，将不同观点、不同维度的资源引进来，就可以帮助学生进行更深入的思考，可以帮助学生利用不同观点进行论证，可以引导学生从多个维度寻找解决问题的方案。如果还能提供一些教材的反例，引导学生进行评鉴和分析，则有利于学生批判性思维的养成。

第七章
从结果检测到过程评估

什么是结果检测？什么是过程性评估？怎样进行过程性评估？

从“结果检测”到“过程评估”是在课堂上落实核心素养需要重视的环节，教师需要调整，做好两者的平衡。

【在课堂上】

- 对学习结果的检测应从解题转变为解决问题。
- 对学习过程的评估应更加关注学生的思维表现。
- 任何评估检测都应与落实核心素养的目标相一致。

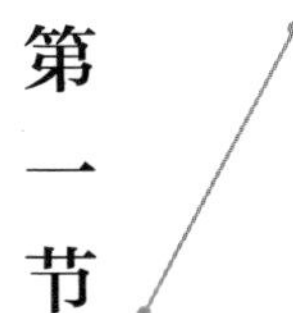

结果检测是学习结束后进行的检测

在日常教学中，教师对评估的认识更多地集中在对学习结果的检测上。不论是单元学习后的单元检测，还是一个学期后的阶段考试，检测的方式基本都是命一份题来检测学生的学习结果。

结果检测是评估学习结果的重要手段

结果检测通常是在一个单元或者一个模块学习结束后进行，是对课堂教学所达成结果的检测，侧重对学习结果的反馈。在整体评价体系中，这种检测方式必不可少，是检验教学成果的重要手段之一，具有其他评估方式不可替代的作用。

结果检测评估了以往的学习结果

结果检测，也称终结性评估，如同到饭店吃饭，各种佳肴已经端上了餐桌，顾客对菜肴的反馈，不论是喜欢还是不喜欢，都无法再做调整，只能对厨师的厨艺做出评价。所以，结果检测提供的反馈，往往具有“评判性”，通常以“分数”或是“等级”的形式提供给学生，代表了学生以往的学习结果。

结果检测常常以考试为主要手段，通过笔试检测学生的学习结果。教师在命题时会依据教学目标，结合已经学习的内容，对基础知识和基本技能进行比较全面的考查。

学生一般比较重视阶段检测，常常会做好复习准备。测试可以检测出学生在这段时间内的知识掌握情况，以及运用知识解决问题的基本能力，可以反映学生的学习结果和教师的教学情况。

结果检测可以帮助学生未来的学习

结果检测是对一段时间学习结果的反馈，可以帮助学生找到知识上存在的漏洞，找到在过去学习中的问题，帮助学生评估自己目前的学习情况，并预测未来的学习。

从某种程度上说，结果检测是一个相对概念。一节课后的结果检测相对于一个单元学习来说，就是过程；一个单元学习后的检测，对一个模块来说，也是阶段性的。因此，结果检测虽然是对一段时间学习的反馈，但通过对结果的分析，可以帮助学生找到问题、发现漏洞，对未来的学习提供帮助。

为了准确评估学生的学习结果，教师在进行结果检测前，在命题时往往会制作命题蓝图，梳理出要考查的知识点和能力点，确定要考查的重点。

例如，高中政治学科教师在学习“国际组织与政治制度”单元后，就梳理出“国家的管理形式”“国际组织的特征”等要考查的知识点，并结合本单元所学内容，对学生“获取和解读信息”“调动和运用知识”等能力点进行考查（见表 7–1）。

检测结束后，学生得到不同的分数。在分析试卷时，根据每道题的得分情况，学生可以找到自己的知识漏洞和需要提升的能力点，以明确未来的学习方向；同时，教师也可以根据学生的成绩，分析教学中存在的问题以调整教学行为。

表 7-1 高中政治学科“国际组织与政治制度”单元命题蓝图

题号	知识点	能力点			
		获取和解读信息	调动和运用知识	描述和阐释事物	论证和探究问题
1	国家的管理形式	√			
2	国际组织的特征	√			
3	联合国的宗旨与作用		√		
4	主权国家的权利和义务	√			
5	民主和集中的关系	√			
6	协商民主的意义		√		
7	全国人民代表大会常务委员会的权力、性质、地位			√	
8	坚持和完善人民代表大会制度				√

结果检测不利于发现学习过程中的问题

结果检测是经过一段时间学习后的检测，即使这个阶段短到一节课，那么所做的检测依旧属于结果检测，发现的问题在这节课上已经无法补救，只能等到下一课时。所以，结果检测发现的问题，都属于过去时，修补和改正只能期待下一个阶段。针对学生在学习过程中，在这节课上出现的问题，结果检测往往关注不到。

结果检测忽略了对学习过程的评估

首先，结果检测的内容比较单一，侧重对学科知识和技能的检测，忽略了学生在学习过程中所呈现的情感、态度、方法等内容，所以不容易发现学生在学习过程中的问题，特别是学习动机、学习态度以及学习方法上的问题，而这些因素恰恰是影响学生学习的重要因素。

学生是成长中的个体，在学习过程中，总会存在这样或那样的问题，这是正常现象。

例如，有的学生学习三分钟热度，没有持久性；有的学生写作业拖沓，边写边玩；有的学生不会读书，阅读效率很低；还有的学生不知道如何参与小组讨论；等等。学生在学习过程中遇到困难和问题都是正常的，但教师若听之任之，不加管理和引导就不正常了。

教师的重要责任就是帮助学生不断克服困难，不断进步和成长。从本质上说，教学过程就是帮助学生学习的过程，就是帮助学生解决问题的过程。所以，针对这些学习过程中出现的问题，就需要在学习过程中帮助学生加以克服和解决。

从评估的角度来说，结果检测关注的是学生的学习结果，很多时候，学习结果不好的学生正说明学习过程存在问题，要么是学习习惯不佳，还没有良好的学习行为；要么是没有掌握学习方法，学习效率不高。结果检测反馈出的成绩，对解决学习过程中的问题帮助不大。

其次，结果检测不是发生在学习过程中，而是在一个教学周期之后，代表这段时间的学习结果，带有总结性和鉴定性。这忽略了学生学习过程中的感受与体验，不能很好地反映学生是如何学习的，是怎样取得这样的成绩的，不能反映学生在学习过程中的困惑、焦虑、愉快、兴奋等情感体验，也没有体现学生在答题过程中的分析与判断、概括与运用等思维过程。

结果检测很难发现个体差异

结果检测看到的是学生的学习结果，而呈现同样结果的学生却可能千差万别，取得同样成绩的路径也可能千奇百怪，所以，结果检测这种评估方式不利于教师发现学生的个体差异。

例如，图 7-1 呈现了 4 位学生 4 次单元检测和 1 次期末考试的成绩。如果你仅仅拿到期末的成绩单，会发现几位学生的考试成绩是相同的，很自然地就会认为这几位分数相同的学生，他们的学习水平应该是相近的，可以划为一类。但是，你再做深入了解，查看他们以往的成绩记录时，很可能会改变前面的想法。期末考试都考了 90 分的 4 位学生，他们的学习经历不尽相同。

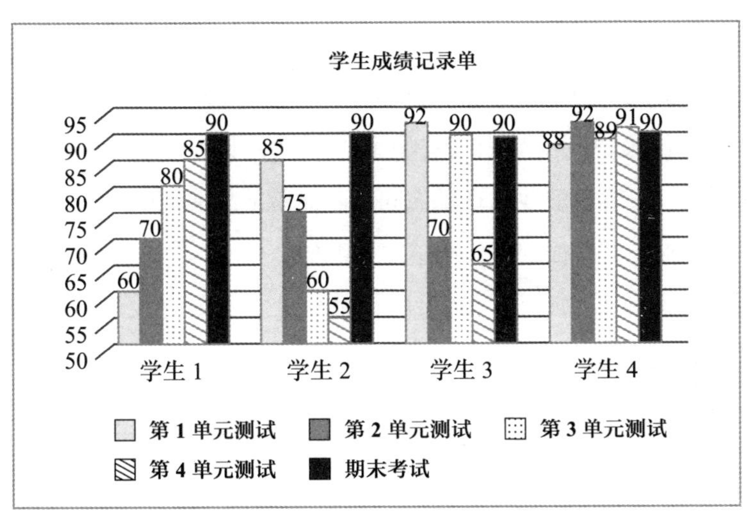

图 7-1　4 位学生的成绩记录单

学生 1 的成绩，从第 1 单元的 60 分起步，然后 70 分、80 分、85 分稳步上升，最终期末考试获得了 90 分。如果没有分析他以往的成绩，仅凭一次结果检测，教师很难发现这位"增长型"学生。他究竟是如何做到成绩稳步提高的？他的学习方式做了哪些改变？学习路径做了什么优化？教师只有深入了解，才能进一步鼓励、帮助他持续稳步发展。

学生 2 的成绩，从第 1 单元的 85 分开始，不断走下坡路，一路下滑，到了第 4 单元已经出现不及格。但期末考试却获得了 90 分的好成绩。这位“突击型”学生，单元成绩为什么不断下降？他学习中遇到了什么困难，期末考试中又是使用了什么魔力起死回生的？他学习中的问题是否真正解决了？这些问题还有待于教师深入了解，才能具体帮助到这位学生。

学生 3 的成绩，从第 1 单元到第 4 单元，成绩忽高忽低，像坐过山车一般。虽然期末考试也取得了 90 分的好成绩，但这位“波动型”学生的下次成绩会是什么样的，若不深入了解他的学习过程，则很难预测。

学生 4 的成绩，从第 1 单元到第 4 单元，成绩一直稳定在 90 分的优秀区段，这位“稳健型”学生的学习方式又是什么？他始终保持成绩优秀且稳定的内因又是什么？他的学习经验、学习方式是否可以借鉴？教师深入了解这些，对这位学生和其他学生都是有帮助的。

可见，结果检测成绩相同的学生，教师如果不分析过程，就不知道他们的不同，更不了解他们真正的问题。简单地将他们归为一类，按照统一的标准要求他们，很难真正地帮助到他们。

实践证明，兼顾过程与结果的评估，才能更好地发现学生的问题，才能有针对性地帮助学生。

第二节 过程性评估是对学习过程的及时反馈

过程性评估是对学生学习过程的评估。它就发生在课堂上，发生在学习的过程中，侧重对学生学习过程的反馈。过程性评估通过评估学生在学习过程中的表现，及时发现学生存在的问题，同时也让学生发现学习过程中的每一点收获，引导学生不断自我激励、自我反思、自我调整，从而学会学习，更好地发展。

过程性评估是及时发现学生问题的晴雨表

如果说结果检测发现的问题都是过去时，具有滞后性的特点，那么过程性评估发现的问题则是现在时，是进行时。过程性评估将学生在学习过程中存在的问题，及时地反馈出来，它像一个晴雨表，随时告知学生在学习过程中的阴晴风雨。

过程性评估贯穿学习的全过程

从某种程度上说，结果检测的评估是与教学分离的，是发生在教学之后的。而过程性评估则把评估看作教学活动的一部分，与教学过程有紧密的联系。从时间上来说，过程性评估包括教学前的评估、教学中的评估以及教学后的评估，贯穿学生学习的全过程。

例如，在正式上课前，学生的出勤情况、学习用品的准备情况、实验的预期情况等，都可以纳入评估；在学习进行中，学生是否积极思考、是否主动参与、是否敢于质疑等，也可以纳入评估；在教学活动之后，学生是否能温故知新，是否及时完成作业，是否善于用所学内容解释、解决实际问题等，也可以纳入评估。

此外，过程性评估的内容，不仅可以是具体的学科内容，还可以是对学生学习方式、学习态度和学习习惯的评估。更广泛的评估内容，不仅可以帮助学生发现学习过程中的具体问题，更有利于养成学生良好的学习习惯，培养优秀的学习品质，更好地促进学生学习，促进学生发展。

例如，在语文学科第一学期过程性评估中，教师关注了学生写作和阅读能力的提高，也关注了学生学习习惯和品质的养成，所以将课前准备、出勤、思考与质疑等内容都纳入过程性评估（见表 7–2）。

表 7–2　高中语文第一学期过程性评价内容

序号	评估内容	赋分权重
1	学习思考与质疑	10%
2	随笔写作与阅读	10%
3	出勤与资料准备	5%
4	课前学习与反馈	5%
5	课后作业与检测	10%

过程性评估是教学过程的一部分，不仅评估内容贯穿学习全过程，而且在教学过程中，教师也需要经常与学生交流过程性评估。

一方面，过程性评估强调过程，反馈得越及时效果越好。所以，教师要让学生及时了解自己的过程性评估结果，以此来促进学生学习。

另一方面，教师需要让学生懂得过程性评估的重要性。过程性评估不是对学生学习过程的评价，不是为学生每一个学习环节打分，而是帮助学生及时了解自己学习的状况，找到学习中的问题，并在学习过程中不断解决。

所以，如果学生发现了自己的问题，修正了学习过程中的错误，过程性评估的成绩也不是一成不变的，应该是可以修订的，是动态的，要让学生看到自己努力后的进步。毕竟，评估的目的是激励学生，促进学生学习和发展，过程性评估尤为如此。

过程性评估侧重学习的关键环节

过程性评估虽然贯穿了学生学习的全过程，但评估内容不是事无巨细，越细、越多越好；评估环节也不是面面俱到，对所有环节都要评估，更不是对学习过程的每一步都进行量化评分。

评估的重要作用是激励，是帮助学生学习，是帮助学生学会学习。因此，过程性评估虽然强调过程，但并不是对学习过程的全覆盖评估，而是抓住学习过程的关键环节、重要步骤进行评估。教师通过对学习关键环节的评估，可以更高效地激励学生，更有针对性地帮助学生。

针对学习过程，具体需要评估哪些内容、哪些环节呢？这需要根据学科的课程目标、课程内容，结合学生的具体特点综合考虑。基本原则就是能帮助学生更好地学习，能促进学生更好地发展。因此，教师希望学生应该怎样做、应该具备哪些能力、养成哪些习惯，就应该怎么进行评估。

例如，在机械技术课程的实施过程中，需要学生动手操作，而操作机械装置安全最重要。因此，过程性评估就将安全规范，特别是“人身安全”“设备安全”“操作安全”纳入指标，并赋予较高分值，以引导学生在上这门课程时注意安全（见表 7-3）。

表 7-3　机械技术课程过程性评估方案

评价项目	权重（%）	指标描述	加 / 减分项	分值	得分
安全规范	30	严格按照流程规范工作，注意人身安全及设备安全	自身安全	10	
			他人安全	10	
			设备安全	10	
学习态度	25	上课积极思考，主动查阅资料解决问题	提出有价值的问题	10	
			团结协作，合作解决问题	10	
			积极进行课外拓展	5	
学习技能	20	按照设计图纸设计制作，正确使用各种工具和设备	设计、制作方法合理，能完好地实现作品功能，制作精度达到设计要求	10	
		技术运用	综合运用所学内容，灵活运用到不同情境	10	
设备管理	15	按照“5S”管理法的要求进行学习实验，工具摆放整齐，工位整洁，节约资源	按照“5S”法进行学习实验	5	
			工具摆放整齐，工作岗位干净、整洁	5	
			爱护设备，节约能源	5	
课堂纪律	10	不迟到，不早退，不大声喧哗，不做与课堂无关的事情	不规范使用手机 / 次	–3	
			打闹 / 次	–2	
			迟到或早退 / 次	–1	

过程性评估是引导学生进行自我反思的调节器

过程性评估的重要优势，就是能及时向学生和教师反馈信息，暴露学生在学习过程中的困难和问题。这一方面促进了教师的反思，教师可以及时地采取措施，调整策略，有针对性地帮助学生；另一方面也促进了学生的反思，学生可以发现自己的优势或不足，不断进行自我调整。

引导学生像评估员一样思考

评估方式对学生的学习行为和思维方式有重要影响，结果检测关注学习结果，最后成绩以分数或者等级的形式反馈给学生。这样的评估容易引导学生过度关注结果、关注分数，致使部分学生认为学习就是为了考试。

过程性评估是为了学习而进行的评估，所以评估就成为教学过程不可缺少的环节。在设置评估内容时，过程性评估关注学生学习的具体过程，关注学生的学习体验，关注学生的个别化差异，引导学生不断反思“我的学习目标是什么”“我距离目标还有多远”“我在哪一步没有做好”“我还可以做哪些调整”等，这就是评估员的思考方式。

例如，学生已经完成的一篇作文、一件作品或者一幕表演，如果从结果出发，他们会关注成绩：究竟得了多少分？是哪个级别的？一旦变换角色，从评估员的角度去思考，去审视，可能就会发现自己的作品没有那么完美，他们通过思考下列问题会再次找到新的学习起点。

1. 有什么证据能表明，已经达到预期目标了？
2. 在哪些方面还可以改进，还可以做得更好？
3. 为了改进那些不足，下一步该怎么办？

显然，像评估员一样思考，一方面可以促进学生对所学内容进行更深入的思考，对所完成的学习任务进行更全面的分析，提高思维的深刻度和创造性。另一方面，更容易激发学生的兴趣和动机，因为发现问题，就会产生解决问题的动力，这会促使学生采取一系列学习行为，对学习内容进行修正和完善。

例如，语文学科在《史记》单元设计了“我来任命‘史上最佳君臣组合’”的核心任务。通过这一任务，教师希望学生通过置换、重组等方式对《史记》中的人物进行横向比较，进一步认识不同性格、不同时代人物组合的可能性，从而引导学生能从重要事件中提取关键信息，概括出人物性格特点。学生在完成这个任务的过程中，根据教师提供的评估维度，像评估员一样反复思考和修正。（此案例由北京市十一学校史建筑团队提供）

学生从君臣组合的原则性、合理性、创意性三个维度不断优化自己确定的最佳群臣组合，不断细化被任命人的性格、品格与任命职位之间的逻辑关系，不断梳理被任命人之间的关系，努力实现组合的效益最大化。此时的学习就不完全是完成老师布置的任务，而成为自己要实现的目标。学生在这个过程中，不断反思校正，不断进行自我调节、自我改进，最终实现了学习目标，也获得了越来越强的学习力。

引导学生多维度反思

在结果检测的过程中，教师像审计官，学生像被审计的人。学生处于相对被动状态，对自己的成绩只能接受，看不到学习过程，也不容易发现自己的进步，反思维度比较单一。

过程性评估注重过程，注重在学习过程中激发学生的学习兴趣，培养学生的学习能力，所以评估内容不局限于学科知识，还可以兼顾学习方法、学习态度等；评估的方式，也不局限于笔试，还可以是课堂观察、课堂参与、作业展示、口头汇报等；评价也不完全是教师评价学生，还可以是学生自评、生生互评等。所以，过程性评价更容易让学生在多个维度、多个方面发现自己，反思自己，更全面地认识自己，在多条路径上实现自我调整、自我发展。

例如，学生在准备主题演讲时，教师就可以让他们把每一次试讲过程都录下来，然后进行自我评价，并对演讲内容和形式做出修改，接着再进行新一轮试讲，继续进行自我评价。通过几次反复，每位学生都会有很大提高。

例如，在语文或英语写作课上，每位学生完成写作内容后，还以作者身份写出自己的写作目的，交给其他同学，进行互评。

在互评环节，评审的学生首先根据作者的写作目的来判断整篇文章的写作效果，并评论作者在哪些方面体现了这种目的，在什么程度上达到了这种目的。

然后，评审的学生在文章中做出记号，标注他们对什么地方不感兴趣，并做出解释。

最后，学生将评审后的文章返给作者，作者查看同伴的评语，认真思考后酌情修改原文，并将原文和修改后的文章一起交给老师。此时，教师针对评审者（学生）的评审意见和作者（学生）的原稿及修改稿，再给出专业的评论后返给学生。

这样几个回合下来，每个学生都从多个维度获得反思和学习的机会，写作能力因此得到锻炼。

第三节 关注结果，更要注重过程

结果检测注重结果，过程性评估关注过程。在日常教学中，教师既需要准确、可靠的结果反馈，以评估教学目标是否达成；也需要对学习过程的评估，以激励、引导学生不断改进。因此、科学、有效的评估，既要关注结果，也要重视过程。这是在落实核心素养的课堂上教师需要做出调整和改变的地方。

一方面，需要改变过去重视结果、轻视过程的倾向，将结果检测和过程性评估有机结合起来，更好地服务于学生的学习。另一方面，需要进一步明确，在落实核心素养的课堂上，应关注什么样的结果，注重什么样的过程。没有对评估目标和方向的新认识、新理解，很难实现对素养目标的有效评估。

结果检测要从解题到解决问题

结果检测究竟应该检测什么，这是需要教师重新思考的问题。

在以往的教学实践中，做结果检测时，教师一般定位于知识的检测。命制的题目，不论是选择题还是简答题，都紧紧围绕所学的知识展开。通过学生对相关题目的解答情况，判断学生是否掌握了所学内容。

但是今天，新的课程标准已经明确提出，课程实施要以不断发展学生的核心素养为宗旨。课程目标已经从学科体系走向课程育人，教学目标已经从知识记忆走向知识应用，因此，对学习结果的评估也应做出调整。应将考查的学科知识与社会生活、生产实践相结合，与自然和科技的发展相联系，提供更多的真实生活场景、更多的问题情境，引导学生从解题走向解决问题。

评估与目标要保持一致

课程标准明确提出，培养学生的核心素养是课程实施的价值追求，是课程的基本目标。在具体教学过程中，教学目标的制定，依据的是落实核心素养的总目标，教学活动依此展开。评估作为不可缺少的教学环节，自然也要以落实核心素养为宗旨，与落实核心素养的课程目标、教学目标保持统一，实现目标、教学、评估的一致性。

在评估原则上，应指向核心素养的落实与发展，要体现导向性和激励性；应通过有效评估促进学生核心素养水平的提升，促进学生的全面发展。

在评估内容上，应依据课程目标、课程内容和学业质量标准，结合具体内容，以学科概念为依托，检测学生核心素养的发展水平。

在评估方式上，应采用多元化的评估方式，激发学生的积极性与主动性，促进学生核心素养的养成。

目前，在落实核心素养的课堂上，教学目标已经将知识技能、过程方法、情感态度与价值观进行了整合，已经从知识导向转向知识的应用和问题解决，将落实核心素养作为教学的重要目标。为此，教学过程也要发生一系列转变。例如，整合零散的知识点和简单探究活动，聚焦学科大概念的建构与理解，聚焦真实问题的解决，引导学生在完成核心任务的过程中深入学习。

作为指向学习结果的检测，也要随着教学目标的改变而改变，考查学生经过一段时间学习后，核心素养的落实与发展情况。具体说，评估内容要从检测学生对知识的识记、习题的解答，转变为对学生核心素养的考查。

例如，从利用虚拟的场景或者模型，考查学生是否会做题、解题以及解题的熟练度，转变为在真实的、生活化的场景中，考查学生解决问题的能力，考查学生是否理解了学科的基本概念和思想，是否养成了学科的思维习惯，是否能运用有效的方法建立模型，是否能迁移运用所学内容去解决实际问题，在这个过程中考查学生核心素养的发展水平。

应该说，结果检测从解题走向解决问题是落实核心素养的必然要求，是实现目标、教学、评估统一性的必然结果。

解决问题的能力是学科的核心能力

核心素养是学生通过学习这门课程而形成的必备品格、关键能力和价值观。不同学科涉及的学科能力虽然不同，但是不同学科都特别看重学生的理解能力、推理判断能力、分析综合能力。这些能力从广义上说，就是解决问题的能力。这些核心能力很难由教师直接讲给学生，需要借助问题情境，通过比较综合和复杂的核心任务，在解决问题的过程中逐渐养成。当然，这些能力也会在解决问题过程中表现出来。

因此，结果检测从解题走向解决问题，通过在试卷中创设问题情境，呈现真实问题，以考查学生解决问题的能力。这样既可以考查学生核心素养的发展水平，同时也发挥了评估的导向性作用，引导课堂教学更加聚焦问题情境的创设，更加聚焦在问题解决的过程中开展学生的学习过程，从而更有利地推进核心素养的落实。

例如，生物学科在“植物激素”单元的结果检测中，就结合生活中的场景和实际问题，设计了以下题目。

某同学看到窗台外这幅图景时（见图 7-2），立即朗诵出宋代名句“春色满园关不住，一枝红杏出墙来”。是外界的什么诱惑，使这枝红杏探出脑袋，向外张望？

人们通过研究后发现，虽然高等植物不像动物那样对外界的刺激迅速做出反应，但是高等植物体内也具有对外界刺激反应的机制。

1. 根据已学知识，判断是外界的什么“诱惑”使这枝“红杏”探出脑袋，向外张望？

2. 这株植物“探出脑袋，向外张望”，此现象产生的机制是什么？

3. 图 7-3 显示了某种植物激素对同一植物不同器官的影响，相对于 A 点而言，在 B 点所对应的激素浓度下，根和茎所做出的反应分别是什么？

4. 假如上述植物激素应用于农业生产，据图指出，在向茎叶喷施和根部滴灌时各应该注意什么问题？

图 7-2　一枝“红杏”出墙来

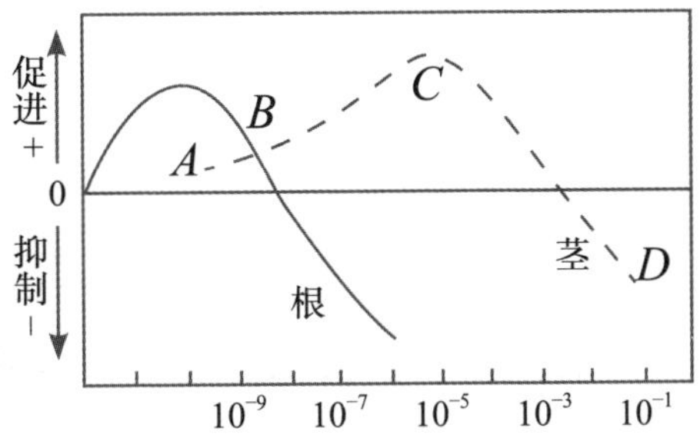

图 7-3　植物激素对植物器官的影响

这样的检测题目，情境来自生活场景，解决的问题也回归了农业生产实际，对学科知识的考查形式也不再枯燥、孤立，而是融入问题情境中，应用到实际问题的解决中。这使学生感到所学内容的实用性，感受到学习的意义和价值；同时也引导学生更加关注生活，更加关注生活中的问题解决，从而促进核心素养的养成与提高。

过程性评估应关注学生在解决问题中的表现

过程性评估作为教学过程的一部分，是对学生学习过程的评估。根据目标、教学、评估的一致性原则，在落实核心素养的课堂上，过程性评估也要做出相应调整，需要重新思考：在学生的学习过程中，哪些学习行为是需要特别关注的？评估什么内容可以更好地促进学生发展？如何确保过程性评估与课程理念、教学目标保持一致。

关注学生的行为表现

在落实核心素养的课堂上，教学目标已经走出了单纯的知识维度，不仅有知识目标，还有运用所学内容解决问题的迁移应用目标，还有帮助学生建构学科大概念的意义建构目标。教学过程也更加凸显学生的学习和体验，更加强调学生自主性、积极性的发挥；倡导通过创设问题情境，引导学生以生活、生产中的实际问题为导向，开展探究、自主、合作式的学习。

此时，过程性评估，也要紧扣指向核心素养的教学目标，围绕教学过程，聚焦学生的体验与探究过程，关注学生在解决问题过程中的行为表现。

学生在解决问题过程中的行为表现，从某种程度上来说，就是学生对所学内容理解程度的表现，就是学生运用知识解决问题的能力表现，就是学生核心素养发展水平的表现。因此，评估学生在解决问题过程中的行为表现，不仅可以评估学生核心素养的水平，同时还可以激励学生更加深入地思考，更加持续地理解，从而提高学习的深度和广度，促进学生核心素养的进一步发展。

那么，我们要关注学生在学习过程中的哪些行为，评估学生在解决问题过程中的哪些行为表现呢？这需要回到问题的原点，重新思考我们的目标：我们究竟想要什么？对学生的学习期望是什么？学生应该知道什么？学生应该能做什么？也就是说，根据逆向思维模式，从目标出发，根据落实核心素养的要求，根据学生的实际情况，结合学生具体要完成的任务、要解决的问题来确定评估的行为表现。

例如，学生在解决问题过程中，离不开小组合作、协同工作和有效沟通，那么学生在交流与合作中的行为表现，就可以是重点关注的行为表现；学生在解决问题过程中，需要不断提出问题，促进大家思考，那么学生能否提出具有启发性问题的行为表现，就可以成为过程性评估的重点行为；等等。

例如，语文学科在科技文阅读单元，学生需要针对克隆猴“中中”和“华华”登上权威学术期刊《细胞》封面的信息，撰文发表自己的见解，并参加学校的科普专题展览。

显然，学生要完成这个任务，需要阅读一系列与克隆有关的科技文章。另外，教师希望学生完成的科普文章，能够深入浅出，因此，文献综述能力就显得特别重要，而此能力学生相对薄弱。基于此，本单元过程性评估的重点就定位在文献综述能力上。

教师从两个维度出发，围绕如何进行文献综述、优秀的文献综述应该具有什么特征进行描述，用于评估学生的文献综述能力。（见表 7-4）（此案例由北京市十一学校闫存林团队提供）

表 7-4　学生在进行“文献综述”时的学习行为描述

	优秀级	合格级	需改进
结构与逻辑	主题明确，正文规范，并对“什么是文献综述”有主动的探究学习过程 结构清晰，并能利用老师提供的资源文本加以论证，呈现能够易于理解的逻辑脉络	能够较为规范地确立主题，正文撰写不够规范 逻辑较为严密，能够自圆其说，但仅在老师提供的资源文本中提取关键信息进行论证	主题不够明确，正文不具备文献综述的特征 整个结构只是每篇文本阅读后提取部分信息的合成，看不出文献综述的基本逻辑思路

（续表）

	优秀级	合格级	需改进
方法与表达	能够进行一两个文本比较，提取、筛选并概括关键信息，并在综述中使用 尝试掌握整合非连续性文本的技能与方法，使得表达简洁明了，并能用自己的观点去加以评论，具有说服力	不善于进行多文本比较，不能完全精准地提取、筛选并概括关键信息，以致无法完全被综述所使用 整合非连续性文本的技能欠缺，以致在综述表达上比较冗余、庞杂，观点不够鲜明，评论缺乏力量	没有进行文本比较，无法准确地提取、筛选并概括关键信息，完成综述的过程只是自身感性认识的呈现 阅读非连续性文本的能力欠缺，无法在综述表达上体现整合思想，基本没有进行评论

在上面这个案例中，教师确定评估的维度后，特别关注学生的具体行为表现，因此对具体的学习行为进行了细致描述。这些具体的学习行为描述，一方面可以用来评估学生学习的关键能力；另一方面，可以引导学生不断反思自己的学习行为，不断挑战更高的目标。

当然，学生具体的行为表现可以有很多方面，写作是一种形式。教师还可以根据具体情况，采取表演、展示、实验操作、口头表达等其他方式。总之，关注学生在完成核心任务、在解决问题过程中的行为表现，是素养导向的过程性评估的重点。

关注对学生思维的评估

落实核心素养的过程性评估，不仅要关注学生在解决问题过程中的行为表现，更要关注学生在解决问题过程中的思维。思维是由问题引起的，从发现问题到解决问题的过程就体现了科学思维的过程。良好的思维习惯、科学的思维品质是解决问题的关键，是核心素养的具体体现。因此，关注学生在解决问题过程中的思维，既可以评估学生解决问题的能力，也可以评估学生核心素养的水平。

例如，物理学科在对“万有引力定律”的学习过程中，在学生自主阅读环节，教师向学生提供“阅读整理工具”。利用这个工具，教师希望学生不仅能总结出相关内容“使用的物理量”“物理原理”，还希望学生能梳理出其中的“推理过程”（见表 7–5）。（此案例由北京市十一学校物理教研组提供）

表 7–5 “万有引力定律”阅读整理工具

问题的提出				
		使用的物理量	物理原理	推理过程
第 2 节 太阳对行星的引力	太阳对行星引力的推导			
	行星对太阳的引力			
	太阳对行星的引力			
第 2、3 节 逻辑联系纽带				
第 3 节 万有引力定律	月地检验			
	万有引力定律的得出			

在学生自主阅读的基础上，教师又提供了“思路梳理工具”，引导学生进一步理清思路，通过史实，梳理出万有引力定律的发现历程，从而认识科学定律对人类探索未知世界的重要意义（见图 7–4）。

教师之所以这样设计，说明关注点不仅是学科知识，还有学生的科学思维，特别是“科学推理”的思维。教师提供的这两个学习工具，既是学生学习的脚手架，也能对学生学习过程中的思维进行评估，并引导学生在后续的学习中，能基于实验证据和科学推理，进一步对经典理论进行检验，并提出自己的问题和质疑。在这个过程中，学习过程与评估过程紧密关联，学习工具与评估工具融为一体。

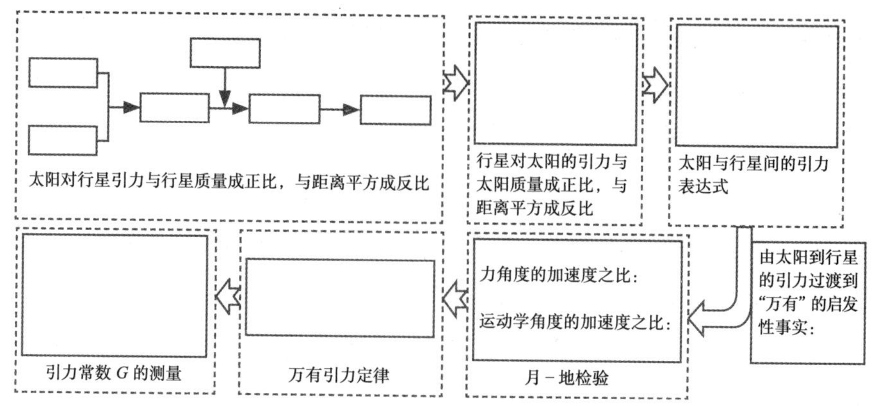

图 7-4 “万有引力定律”思路梳理工具

例如，化学课程在实施过程中，在学生解决问题过程中经常要进行实验探究。通过实验，既可以验证结论，又可以探究假设，从而推进问题的解决。实验探究过程中重点关注什么？评估什么？如何通过过程性评估促进学生思维的发展，提高学生解决问题的能力？为此，教师在设计评估维度时，重点关注了学生在实验前后的思考、提出假设的依据、设计实验方案的可行性。教师希望学生通过对这些问题的思考，通过自评与互评，提升思维的深刻度（见表 7-6）。

表 7-6 化学实验探究自评互评维度

项目	评估维度
实验探究	探究的问题是否指向了问题的核心？ 是否从原因、性质等方面对问题进行了深入分析？ 提出解决方案的依据是什么？ 设计实验的原则和步骤是什么？ 收集哪些方面的实验证据支持假设？ 运用了哪些科学方法对问题进行论证？ 所做实验是否都经过了设计？

综合、全面的评估才能更好地促进学生全面发展

教学评估作为日常教学不可或缺的重要环节，其目的不仅是帮助教师了解教学过程，改进教学行为；更是为了激发、鼓励学生，帮助学生不断调整学习策略，改进学习方法，促进学生更好成长和发展。

学生的学习是一个复杂的过程，影响因素众多。既与外部的学习环境、学习内容、教师的指导有关，更与学习者自身的认知起点、学习动机、兴趣爱好、学习风格密切相关。

学生的成长更是一个复杂的系统，包含知识获得、思维拓展、情感丰富、意志锻炼等多个方面。总之，不论是学生的学习还是成长，都是复杂的过程，同时又是动态的过程，是学生不断自我建构的过程。不同的学生，既有共同特点，又有个体差异。

学生学习和成长的复杂性、发展性以及差异性，给教学评估以重要的启示：激发学生学习、帮助学生成长的教学评估，不应该是单一的、单向的，不应该是孤立的、片面的，只有建立一个丰富的、多元的评估体系，通过综合性评估，才能更好地促进学生全面发展。

没有好过程，很难有好结果

在整个评估体系中，人们受应试教育影响，过度关注分数，这使教师在教学评估中也特别重视结果检测，重视终结性评估，对过程性评估认识不足，很多教师甚至根本不做过程性评估，或者即使做了过程性评估，也不将过程性评估纳入最终的评价体系中。

还有的教师认为，过程性评估就是学习过程中的考试，包括一段学习时间后的课后检测和单元检测，而没有将学生的行为表现、情绪情感、学习态度与学习习惯纳入过程性评估，忽略了情感态度与价值观对学生学习和成长的作用。凡此种种，都说明在长期分数为重的导向下，教师对过程性评估认识不足，对过程性评估在学生学习成长中的重要价值认识不够。

实际上，学习过程才是学习的关键。好的结果总是与扎实的过程相关；没有好的过程，很难有好的结果。

1. 关注过程，会得到很多超出预期的结果

例如，在开展研究性学习的过程中，教师更应该关注的是：学生究竟研究了没有？他们是怎样进行研究的？都经历了什么？在研究过程中发现了什么问题？又是如何解决的？在研究中是怎样与他人交往和合作的？在研究中获得了何种体验？是否产生了个性化的创造性表现？等等。教师关注学生的研究过程，关注学生在研究过程中的问题和感受，才能针对这些方面，提供信息，介绍方法，引导探索，使学生的研究深入持久地开展下去。

实际上，一名中学生针对某个问题展开研究性学习，有时候有可能得不出什么结论，也有可能会得出很多结论，还有可能随着研究的深入，发现了新的问题，对新的研究方向产生了兴趣。也就是说，只要重视了过程，让研究性学习真实开展，教师不过度关注研究结果，不将自己的经验强加给学生，学生的主动性、实践性和创新精神可能就会得到很好的发展，其结果可能会超过教师的预期。

2. 关注过程，可以实现过程与结果的良性循环

例如，当教学评估中过于重视结果和成绩时，可能会导致学生也过于关注结果、关注成绩，在机械记忆、如何解题、如何提高解题技巧这些浅层次学习方式上下功夫。当结果检测的内容更多是虚构的场景、模式化的套路，主要考查学生知识识记的情况时，就可能导致浅层次学习方式 — 浅层次学习结果 — 浅层次学习方式的恶性循环。

教师重视学生的学习过程，关注学生在解决问题时的行为表现，关注学生解决问题的能力和思维的深刻度与开放性，就可能会引导学生不断改变学习方式，深化学习方式。这有利于形成“深层次学习方式 — 深层次学习结果 — 深层次学习方式”的良性互动。

结果就是放大的过程

教育的根本任务是育人，当我们将目标定位于学生的成长和发展时，不论是关注过程的过程性评估，还是重视结果的终结性评估，都是学生成长路上的一个节点，都是学生发展长河中的一朵浪花。任何终结性评估放到学生成长的历程来看，放到学生的一生来衡量，都是过程。结果就是放大的过程。

人生没有标准答案，学生的发展更是具有无限可能，不要用固定化的思维终结学生的成长，不要用鉴定者的心态固化学生的潜质，不要用评判者的角色泯灭学生的特长。

让我们用发展的眼光，用成长的视角，去激励、唤醒学生，去帮助、引导学生，去成就每一位学生的精彩人生。

十年树木，百年树人。教育是慢的艺术，教育更像农业，很多时候，我们能做的就是播下种子，小心呵护，精心培育，然后静待花开。

参考文献[①]

1. 钟启泉，崔允漷. 核心素养与教学改革［M］. 上海：华东师范大学出版社，2018.

2. 成尚荣. 核心素养的中国表达［M］. 上海：华东师范大学出版社，2018.

3. 科斯塔，卡利克. 聚焦素养：重构学习与教学［M］. 滕梅芳，陆琦，沈宁，译. 盛群力，审订. 福州：福建教育出版社，2018.

4. 余文森. 核心素养导向的课堂教学［M］. 上海：上海教育出版社，2017.

5. 威金斯，麦克泰格. 追求理解的教学设计［M］. 闫寒冰，宋雪莲，赖平，译. 上海：华东师范大学出版社，2017.

6. 马兰，盛群力. 教师教学设计能力发展［M］. 杭州：浙江大学出版社，2016.

7. 哈伦. 科学教育的原则和大概念［M］. 韦钰，译. 北京：科学普及出版社，2011.

8. 玛扎诺，皮克林，赫夫尔鲍尔. 学习目标、形成性评估与高效课堂［M］. 邵钦瑜，冯蕾，译. 北京：中国书籍出版社，2012.

① 人民教育出版社 2017 年版 2020 年修订普通高中各科课程标准是基本参考文献，在此不一一列出。

后　记

让核心素养在课堂上落地，并不容易。

在以核心素养为导向的课堂教学变革中，特别需要做好基础性的工作，做更具体的研究。例如，如何将核心素养转化为教学目标？如何将教学目标转化为学习目标？如何设计有承载力的核心任务？如何评价核心素养是否落实了？……想真正实现“目标—教学—评估”的一致性，并不容易。在课堂上，学生能根据学习目标、学习任务，按照自己的规划和方式，展开有深度的学习，也是很艰难的。但这正是研究的意义所在、价值所在。

中国教育科学研究院与北京市十一学校联合成立的“学习与教学研究中心”，旨在将两者的教育研究力量与教育实践力量相结合，共同探讨中国基础教育前沿的、有深度的课题，破解落实核心素养的难题，推进课程改革由课程到课堂的深入，更好地实现立德树人的根本任务。本书就是此背景下的阶段性成果。

书中从教走向学的案例大多来自北京市十一学校教师的课堂实践。在此，深为“十一人”不断挑战、不断探索的精神而自豪。赵继红、林森、刘赛男三位博士，结合各自的课题，为此书付出了大量心血。他们帮助梳理本书的框架，提供教学案例，并分别参编了不同章节，在此对他们表示衷心的感谢。

图书在版编目（CIP）数据

从教走向学：在课堂上落实核心素养 / 王春易等著
. —北京：中国人民大学出版社，2020.9
ISBN 978－7－300－27931－2

Ⅰ. ①从… Ⅱ. ①王… Ⅲ. ①课堂教学—教学研究
Ⅳ. ①G424.21

中国版本图书馆 CIP 数据核字（2020）第 026082 号

从教走向学：在课堂上落实核心素养
王春易等　著
Cong Jiao Zou Xiang Xue：Zai Ketang Shang Luoshi Hexin Suyang

出版发行	中国人民大学出版社		
社　址	北京中关村大街31号	邮政编码	100080
电　话	010－62511242（总编室）		010－62511770（质管部）
	010－82501766（邮购部）		010－62514148（门市部）
	010－62515195（发行公司）		010－62515275（盗版举报）
网　址	http://www.crup.com.cn		
经　销	新华书店		
印　刷	北京华宇信诺印刷有限公司		
开　本	720 mm × 1000 mm　1/16	版　次	2020 年 9 月第 1 版
印　张	14　插页 1	印　次	2024 年 11 月第 23 次印刷
字　数	200 000	定　价	68.00 元